Fritz Pawelzik

Die fröhliche Blechkirche

Erzählung

W0404547

R. BROCKHAUS

R. Brockhaus Taschenbuch Bd. 814

4. Auflage 1993

© 1987 R. Brockhaus Verlag Wuppertal
Umschlaggestaltung: Carsten Buschke, Solingen
Umschlagfotos: Horus/Deckart – ZEFA, Düsseldorf
Gesamtherstellung: Breklumer Druckerei Manfred Siegel KG
ISBN 3-417-20814-9

INHALT

Einleitung mit Karin und großer Liebe

Damals, Ende der vierziger Jahre, arbeitete ich als Kumpel unter Tage. Nach Feierabend, an den Wochenenden und in meinem Urlaub spielte ich Fußball. Oder sprang auf mein Motorrad und raste Europa und das, was noch von Deutschland übriggeblieben war, ab. Ich fuhr bis zum Nordkap hoch und durchquerte die Sahara.

Auf einer dieser Touren geriet ich nach Rom und in die Vatikanischen Museen. Dorthin hatte sich auch ein junges Mädchen verlaufen. Ich entdeckte sie, als sie vor einem Relief stand und das Bild vergeblich in einem Reiseführer suchte.

Ich tat so, als ob ich sie gar nicht bemerkte, sondern ganz in die Betrachtung des Kunstwerkes vertieft sei. Da sprach sie mich an: »Do you speak English?«

Worauf ich aufsprang und, nicht ganz meinen Kenntnissen dieser Sprache entsprechend, laut: »Yes!« antwortete.

Sie hätte gerne gewußt, was das für ein Bild sei. Ich konnte es daneben lesen und erklärte ihr dann die Schule von Athen, die vom Maler Raffael dort dargestellt war.

Dann zeigte ich ihr den Rest des Museums und Rom. Dabei versäumte sie den Zug, mit dem sie nach Kopenhagen hätte zurückfahren müssen. Ihre Fahrkarte galt nur in Verbindung mit einer Studentengruppe aus dem Norden, die schon abgefahren war.

Sie war Finnin und Medizinstudentin. Als ich mich als Kumpel vorstellte, war sie doch ein wenig verwundert. Und noch mehr, als ich ihr später, im Mondschein am Tiber, sagte: »I love you!« Da heulte sie plötzlich los, weil sie dachte, daß ich ihr etwas antun würde. Da sie wie ich kein Geld hatte, wußte sie nicht, was sie tun sollte. Und das mit der Liebe war bei ihr auch nicht so sicher. Sie meinte: »Wir kennen uns doch erst ein paar Stunden!« Aber bei mir war alles klar.

Ich fuhr sie dann mit dem Motorrad bis nach Helsinki. Dort marschierte ich sofort zu ihrem Vater, der gerade in seiner Hals-Nasen-Ohrenpraxis beschäftigt war. Dem fiel vor Schreck der Ohrenspiegel herab, als ich um die Hand seiner Tochter bat. Aber er gab sie mir schließlich doch.

Karin hieß sie. Sie studierte weiter, machte ihr Examen als Zahnärztin. Dann heirateten wir, und sie kam zu mir ins Ruhrgebiet. Das war schon ein Wechsel für sie, von Helsinki nach Herne! Aber wir liebten uns sehr. Dadurch wurden auch meine wilden Ausflüge weniger. Mein Tempo verringerte sich, weil Karin nun hinten auf dem Sozius saß.

Vorher hatte ich in einem Bergarbeiterwohnheim gelebt, doch als Karin kam, zogen wir auf ein Zimmer in einer Arbeiterkolonie. Dort meldete sich bald unser erstes Kind an.

Sicher waren wir beide nicht gerade fromme Typen, doch wir waren unserem Schöpfer dankbar dafür, daß er uns zusammengebracht hatte, und ich arbeitete kräftig in einem christlichen Verein, dem CVJM, mit und versuchte, den Kumpels die frohe Botschaft ins Herz zu packen.

Da erreichte mich ein Brief von einer Missionsgesellschaft. Die fragte mich, ob ich als Missionar ins »dunkle« Afrika gehen würde, unter wildfremde Menschen, an einen Ort, der in Westafrika, in Ghana, am Meer liegen würde, Takoradi mit Namen.

Ich hatte diesen Namen noch nie gehört. Karin auch nicht. Ich fragte sie: »Kommst du mit?«

Sie antwortete, fast wie Ruth in der Bibel: »Ich gehe überall mit, wohin du gehst. Das habe ich doch in der Kirche versprochen.«

Ich weiß nicht, warum die frommen Leute gerade mich ausgewählt hatten. Vielleicht darum, weil ich auch schwarz war, wenn ich aus der siebten Sohle hochkam, und weil sie wohl meinten, daß einer, der mit den Kumpels in Deutschland zurechtkam, auch vor den »wilden Negern«

keine Angst haben würde. Aber sicher hatten sie daneben noch solidere Motive.

Aber dann waren sie sich doch nicht so sicher. Als ein Ghanaer auf Besuch nach Deutschland kam, meinten die von der Missionsgesellschaft zu ihm: »Sehen Sie sich doch noch einmal diesen Mann an, ob der zu Ihnen passen würde.«

Der Afrikaner kam an einem Sonntag in den Kohlenpott, als ich gerade mit meinem Verein auf der Steinhalde Fußball spielte. Der junge Mann aus fernem Land war von meinem Spiel sehr angetan. Hinterher kam er sofort auf mich zu und rief begeistert: »Du mußt zu uns als Fußballtrainer kommen!«

Damals kannte ich die Phantasie einiger Afrikaner noch nicht, obwohl ich selbst auch mit reichlich Phantasie begabt war. Ich wandte ein: »Ich bin doch gar kein technischer Spieler, sondern einer, der lieber seinen Körper einsetzt.«

Wenn es damals schon gelbe Karten gegeben hätte, hätte ich in diesem Augenblick zwei davon zu sehen gekriegt. Doch dann wischte mein »Fan« das alles weg: »Genau das brauchen wir. Unsere Jungens sind zu sehr in den Ball verliebt und vergessen das Toreschießen. Du mußt kommen und Takoradi trainieren. Die werden dann Bezirksmeister, Ghanameister, Afrikameister und vielleicht sogar Weltmeister ...«

Ich unterbrach ihn: »Aber die Deutschen wollen mich doch als Missionar hinausschicken.«

»Nein, nein«, blieb er bei seiner Meinung, »du kommst als Fußballtrainer.«

Verwirrt fragte ich Karin, was ich machen sollte. Sie wußte Rat, wie immer: »Mach doch beides«, sagte sie, »Fußballtrainer und Missionar.«

»O.k.«, antwortete ich, denn wir sprachen damals noch Englisch miteinander. Später, als die Kinderchen groß wurden, stellten wir uns auf Deutsch um, denn mein Englisch war nicht das beste in der Welt. Schon beim ersten Wort konnte man heraushören, daß ich aus dem Ruhrgebiet kam. Das sollte sich auch beim Twi und beim Pidgin-Englisch nicht ändern, das ich später lernte. Und Grammatik war schon immer meine schwache Seite.

Ich marschierte also zu meinem Trainer und konsultierte ihn. Das war ein gebildeter Mann. Er zitierte Goethe beim Training und brachte uns Kumpeljungen bei, manierlich mit Messer und Gabel zu essen. Zwecks Eßtraining mußten wir uns am Anfang immer ein Buch unter die Arme klemmen, damit wir mit unseren Ellenbogen nicht unsere Nebenmänner und -damen behinderten.

Der Trainer hatte auch schon Fußballbücher geschrieben; die schenkte er mir und hielt für mich Extrastunden ab, als Vorbereitung für Ghana. Später trainierte er sogar Bayern München. Er war also ein besonders guter Fußballtrainer.

Dann fuhren wir los nach Afrika, mit der Bibel und einem Fußball. Das Abenteuer begann.

Fußballtrainer in Takoradi

Mit meinem echten Lederfußball, von der FIFA geprüft und zugelassen, erreichte ich Takoradi, eine Hafenstadt im Westen Ghanas. Ich suchte nach einem geeigneten Platz und fand ihn zwischen Lehmhütten und Cassavabüschen. Der Platz glich in etwa dem Bolzplatz, auf dem ich als Junge Fußball gespielt hatte. Nur die Erde war etwas anders, dunkelrot, von der Sonne ausgedörrt und verbrannt, mit Buckeln und schroffen Rinnen versehen. Wenn die Sonne darauf schien, blitzten Salze und andere Kristalle auf.

Als ich ein bißchen mit dem Ball herumkickte, zog das sofort Dutzende von Jungen und Mädchen an. Viele von den Mädchen trugen ihre kleinen Geschwister auf dem Rücken und hopsten mit denen um den Ball herum.

Ich wollte so trainieren, wie mein Trainer in Deutschland es mir empfohlen hatte, doch das ging nicht. Zunächst einmal mußte ich mir meine neuen Fußballschuhe ausziehen. Darauf bestanden die Jungen; aus Solidarität mit ihnen, die alle barfuß waren, und weil Gleichheit herrschen sollte. Es fiel mir sehr schwer, barfuß über die harte Erde zu stolpern, ich riß mir die zarten, Schuh gewohnten Sohlen auf, aber langsam gewöhnten sich meine Füße an die rauhe Unterlage, und es bildete sich eine Hornhaut, wie damals, wenn ich als Junge über die Stoppelfelder lief.

Auch meine Mitspieler mußten Probleme überwinden. Sie waren es gewohnt, mit Bällen ihrer Machart zu spielen, zusammengerollten Knäueln aus Blechbüchsen und strohigen Bananenblättern. Aber wir einigten uns dann auf ein neues Spiel.

Leider ging es dabei nicht mit einem Spielchen Elf gegen Elf ab, da zu viele erschienen waren und Tränen flossen, wenn welche auf der Seite stehen und zugucken sollten.

Also gut, ich ließ sie alle mitspielen; es spielten fuffzig gegen fuffzig, und die Mädchen mit den Kindern auf dem Rücken stellte ich ins Tor.

Zuschauer strömten herbei und freuten sich. Sie beteiligten sich auch an unserm Spiel und griffen ein, wenn eine Mannschaft nicht vorankam. Geriet der Ball einmal unter die Jubelnden, dann wurde er dort weiter behandelt, und wir mußten sehen, daß wir ihn wieder auf das normale Spielfeld bekamen. Es war Fußball total, ohne Stars, dafür aber mit großer Freude.

Wurde eine Gruppe mit dem Spiel fertig oder so müde, daß sie nicht mehr weiterspielen konnte, strömten sofort die Zuschauer aufs Feld und bolzten weiter.

Auch andere Regeln wurden großzügiger ausgelegt als im normalen Match. Zunächst lief ich noch als Schiedsrichter mit, doch dann zog mich das Spiel so in den Bann, daß ich meine Rolle vergaß und auch mitspielte, immer wieder meine Position wechselnd, immer dem Schwächeren aushelfend. Bald brauchten wir keinen Schiedsrichter mehr.

Während des Spiels wurde auch umgestellt. War eine Mannschaft zu schwach, gruppierten wir die beiden Teams um, und das Spiel lief gleichmäßiger weiter.

Aber verboten war es, daß ein Mädchen den Ball in die Arme nahm und damit davonlief.

Wer sich unfair benahm, wurde sofort vom Platz gestellt. Darin waren wir uns alle einig.

Wir spielten auch gegen andere Mannschaften, zum Beispiel gegen Seeleute aus dem Hafen. Die staunten zunächst über unsere Spielweise und wollten allen Ernstes dagegen protestieren. Aber dann fanden sie es bei uns nett und spielten so mit, daß es ihnen Freude machte.

Ein ganz tolles Spiel wurde es, als wir die Jugendlichen einer Blindenschule zu uns einluden. Meinen zweiten Ball hatte ich extra für sie konstruiert und innen mit einer Klingel versehen. Die läutete, wenn der Ball getreten wurde. Im Hellen waren die Blinden uns unterlegen, doch als es dunkel wurde, kamen wir nicht mehr mit. Ihr Gehör war schärfer als unseres, und so traten sie ihre Tore und glichen aus.

Während dieser Zeit erschien auch der Mann, der mich in Deutschland angeheuert hatte. Er hatte mir noch eine Postkarte nach Hause geschickt, auf der stand:

»Schick mir bitte ein Klavier und einen Volkswagen.« Nun kam er, um sich diese Kleinigkeiten abzuholen.

Er war nicht gerade erfreut, als ich ihm einen Spielzeug-VW und einen Schokoladenflügel überreichte, und unsere Mannschaft fand er nicht reif genug, um wenigstens den Ghanatitel zu erringen.

Enttäuscht zog er ab, aber ich freute mich jeden Tag auf das Fußballspiel la Takoradi.

»Massa Jesus Stories«

In den Pausen unseres speziellen Fußballspiels flüchteten wir in den Schatten des Mangobaums, um den wir immer herumspielen mußten. Das war beim Spielen immer spannend, denn der Baum war so dick und verflochten, daß man nicht genau sehen konnte, wie der Gegner sich um den Baum herumschlich.

Genauso störte uns am Anfang auch der hohe Ameisenhügel mitten auf dem Platz. Ich versuchte ihn abzutragen, doch die Ameisen hatten die Erde so fest zusammengekittet, daß sie meiner Spitzhacke wie Beton standhielt. Man lachte mich sowieso aus, weil die Leute besser als ich wußten, daß man gegen Ameisenhaufen nicht ankam. Also spielten wir drum herum oder drüber weg und entwickelten auch Schüsse, die in einem solchen Winkel abprallten, daß unsere Gegner sie nicht berechnen konnten.

Auf unserem Platz wurden wir unschlagbar, durch den Mangobaum und den Ameisenberg. Später bekamen die beiden auch Namen. Der Ameisenhügel, der so hart war wie Stein, hieß Petrus, und der Baum Stan Matthews. Das war damals ein berühmter englischer Fußballspieler.

Also, in den Pausen flohen wir in den Schatten und japsten, und dann mußte ich erzählen. Das konnte ich ganz gut. Ich hatte es in der Jungschar gelernt, und ich erzählte ihnen von Deutschland, von meiner Familie, von meinen Fahrten mit dem Motorrad und von meinen Freunden.

Besonders gern hörten die Mädchen von meinen Eltern und meiner Schwester und wollten auch wissen, was für Sachen sie trug. Sie blätterten in meiner Familie wie in einem Album herum, immer wieder.

Als mir die Geschichten so langsam ausgingen, fielen mir die Geschichten der Bibel ein. Ich erzählte ihnen einfach von Jesus, wie er geboren wurde, wie er aufwuchs und was er alles für die Menschen tat. Dann wich ich auch schon mal ins Alte Testament aus, aber alle diese Geschichten hießen für sie »Massa Jesus Stories« - Meister-Jesus-Geschichten. Sie hatten mit der Bezeichnung auch recht, denn auch die Geschichten aus dem Alten Testament führen ja zum Meister hin.

Dadurch fing ich an, die Bibel ganz anders als vorher zu lesen, nicht theologisch, protestantisch, durch den Kopf, sondern als Ereignis, als Geschichte, die sich wirklich abgespielt hatte. Ich mußte die Geschichten nacherzählen, nicht auslegen und bekam eine viel tiefere, persönlichere Beziehung zur Heiligen Schrift.

Für meine Zuhörer war es gar kein Problem, sich in die Umgebung der damaligen Zeit im Vorderen Orient zu versetzen. Die war ihrer eigenen Welt so ähnlich. Massa Jesus war dauernd unterwegs; das verstanden sie, denn sie mußten auch dauernd unterwegs sein, Wasser holen, Holz sammeln, zur Schule laufen, weil für die Mammylorries das Geld nicht reichte. Ghanaer sind immer unterwegs. Und daß unterwegs viel passieren kann, war auch klar.

Wunder stellten ebenfalls keine Hürden dar. Sie verstanden gar nicht, daß ich sie erklären oder sogar rechtfertigen wollte. Mir wurde gesagt: »Also, wenn hier schon ein Jujumann soviel machen kann, dann ist es für Massa Jesus überhaupt kein Problem.«

»No problem« war überhaupt ein gern gebrauchtes Schlagwort. Kein Problem. Sie lebten nicht mit dem Logos, sondern noch im Mythos.

Herrlich war es auch, wie sie in Pidgin-Englisch und in den Stammessprachen die Geschichten nachspielten.

Einer deklamierte nach der Hochzeit zu Kana ganz froh und munter: »Massa Jesus, Wondermaker.« Wundertäter. Er war ein Mammylorryfahrer und malte sich schon am nächsten Tag auf den Wagen: »Massa Jesus, Wondermaker too much«, was man kaum übersetzen kann.

Wie sie zuhören konnten, mit ihren Augen! Die sahen

die Geschichte mit. Sie ließen mich nicht allein mit der Geschichte. Die Zuhörer waren mitten drin. Sie halfen mir, sie auszumalen. Ich mußte nur den Leitfaden oder besser das Leitmotiv halten, die Ausschmückung besorgten dann meine Zuhörer.

Einer hatte seine Trommel mitgebracht. Der trommelte dann einen Rhythmus in die Geschichte hinein. Danach bewegten sich die Mädchen. Die Geschichten verwandelten sich in Opern. Sie wurden gespielt, getrommelt, gesungen und getanzt. Ich mußte auch mitmachen, obwohl ich nicht Tanzen gelernt hatte. Doch meine Mutter war mit mir auf dem Arm durchs Zimmer getanzt, als ich klein war, während mein Vater unser Grammophon ankurbelte. Diese Erfahrung kam mir in Takoradi sehr zustatten.

Jede Geschichte wurde zu einem Ereignis und hier und jetzt erlebt. Ich war mit hineingenommen. Wir spielten die Hochzeit zu Kana. Die wurde wie ein »Funeral« gefeiert, das größte Fest, das ein Mensch in Ghana erlebt - leider erst, wenn er gestorben ist. Nicht die eigentliche Beerdigung, die schnell und oft noch am gleichen Tag stattfinden muß, wegen der Hitze, sondern die Nachfeier. Ich werde später noch einmal davon erzählen.

Bei der Auferweckung des Lazarus trainierte einer seine Stimme gegen die Brandung des Meeres, als wir am nächsten Tag die Geschichte noch einmal spielen wollten. Er hatte nur eine Aufgabe, nämlich zu schreien: »Lazarus, stehe auf!« Aber das tat er so gewaltig, daß die ganze Nachbarschaft aus den Hütten herausgestürmt kam.

Später habe ich einem klugen Theologen von dieser Art Verkündigung erzählt und war ein bißchen verlegen, ob man denn so mit dem Evangelium umgehen konnte.

Doch er beruhigte mich: »Lieber Fritz, das ist genau richtig. Leider können wir das hier nicht mehr, weil wir so verkopft und individualistisch sind. Wir fühlen uns in der Gemeinschaft mit anderen unwohl. Aber im Alten Testament und auch in der Urgemeinde hat man genau so die Feste gefeiert, sie nachvollzogen. Und im Abendmahl ist das doch auch noch vorhanden. Mach nur so weiter, ich bin traurig, weil ich es nicht so erleben kann, sondern immer alles vorher durchdenken muß ...«

Wir lebten in Takoradi in den »Massa Jesus Stories«. »Fritz, tell us a Jesus Story«, wurde ich schon begrüßt, wenn ich mit meinem Fußball angetrabt kam. Die Mädchen wollten zuerst Geschichten hören, doch die Jungen vorher Fußballspielen.

Ich lernte einen neuen Jesus kennen; er wurde immer dunkler für mich, ein Afrikaner.

Karin reparierte Zähne

Das Militär stellte uns eine faulende Baracke zwischen der Stadt und dem Hafen zur Verfügung. Im Zweiten Weltkrieg war die einmal als Kantine für durchreisende alliierte Soldaten benutzt worden. Dann hatte man sie einfach stehengelassen. Nun trauten sich noch nicht einmal die Ziegen und Hühner hinein, weil es drinnen vor Schlangen und Skorpionen nur so kroch und zischte. Doch Karin war davon überzeugt, aus diesem Verschlag noch ein finnisches Heim mit Stil und Gemütlichkeit zaubern zu können.

Aber zunächst mußten die Schlangen und Ratten beseitigt werden. Ich kann nicht mehr nachrechnen, wieviele Schlangen wir in jenen Tagen totschlugen. Außerdem mixte Karin eine giftige Brühe, die wir in die Schlangengruben schütteten. Den Dschungel um das Haus herum schlug ich zusammen und verbrannte ihn. Auch dort kam mir noch manche Überraschung entgegengezischt und -gefaucht. Schade, daß ich in der Schule bei Biologie nie aufgepaßt hatte; ich hätte jeden Tag eine Liste von afrikanischen Tieren aufstellen können.

Dann richteten wir die Baracke ein. Links wohnten wir. Drei kleine Zimmer, die wir als Küche, Schlaf- und Kinderzimmer möblierten. Durch unser Ehebett war das Schlafzimmer schon voll.

Doch am Ende des Flures lag ein größerer Raum, den wir als Wohnzimmer einrichteten. Unsere neuen Freunde halfen uns, kalkten die Wände, bauten aus Mahagoniklötzen schwere Betten zusammen, die zwar nicht nach Schönheit und Stil aussahen, auf denen aber ganz gut ein Elefant hätte schlafen können. Ins Wohnzimmer wurden schwere Holzsessel gestellt, ein Tisch, der zum Bügeln und Schreiben diente - der Salon war fertig.

Der größere Raum, der die Mitte der Baracke ausmachte, wurde von Jugendlichen besetzt. Die Schüler erledigten dort unter den grellen Neonlichtern ihre Hausaufgaben. Zu Hause in den Hütten war es zu dunkel, und unter den Straßenlaternen wurden sie von Moskitos zerbissen. Ich spritzte jeden Abend den Saal gegen Ungeziefer aus. Nachts schliefen Jugendliche da, die sonst kein Dach überm Kopf fanden. Auch gespielt wurde dort. Bald waren alle Spiele zerfleddert, die ich aus Deutschland mitgebracht hatte.

Auf der rechten Seite der Baracke gab es noch einen Verschlag, in den alles hineingeworfen worden war, was die Kantinenbetreiber nicht mehr gebrauchen konnten: zerbrochene Stühle, leere Eimer und Büchsen, Knochen. Das stank! Dazu hatte das Schlangen- und Otterngezücht auch noch seine Beute geschleppt und das, was es nicht fressen konnte, der langsamen Verwesung überlassen.

Doch Karin wollte dort eine Zahnpraxis einrichten. Wir räumten die Bude unter Lebensgefahr aus. Sie wurde gekalkt, und draußen an die Wand schrieben wir in leuchtend roten Lettern: DENTAL SURGERY. Zahnklinik.

Ehe wir aus Deutschland abfuhren, hatte eine Firma für Zahnärztebedarf Karin einen Behandlungsstuhl mit Bohrer aus dem Zweiten Weltkrieg geschenkt. Das war ein ganz einfacher Apparat, der überall aufgestellt werden konnte. Ein einfacher, aber stabiler Stuhl aus Stahlrohr und einem geleimten Sitz gehörten dazu. Daran konnte ein Patient auch angeschnallt werden, wenn das nötig war. Bequem war er nicht, doch er machte jedem Patienten, der sich darauf setzte, deutlich, daß es hier um harte Sachen ging.

Der eigentliche Behandlungsapparat bestand hauptsächlich aus einem fast mannshohen Schwungrad, um das ein Strick lief. Das Rad wurde mit einem breiten Pedal angetrieben, das das Rad und den Bohrer in Bewegung setzte. Dafür stellte Karin einen stabilen Säckeschlepper aus dem Hafen an, Mensah mit Namen. Der trat das Pedal mit gewaltiger Kraft, aber auch mit Einfühlungsvermögen, je nach Karins Gesichtsausdruck beim Bohren.

So bohrte sich Karin dann in die Zähne ihrer Patienten. Manchmal hörte sich das ein wenig wie Straßenbau an, doch sie tat es mit großem Geschick. Ich kann heute noch zwei Plomben vorzeigen, die sie damals in meine Zähne hineingestopft hat.

Gab es schwerere Operationen oder mußte ein Zahn gezogen werden, hielt Mensah den Patienten am Stuhl fest. In seiner Freizeit betätigte er sich als Ringer; so brachte er eine wichtige Erfahrung mit in seinen neuen Beruf.

Am Anfang hatte Karin Schwierigkeiten, die Spritzen durch die Haut ihrer afrikanischen Patienten zu drücken. Sie brachen ihr oft ab. Aber dann lernte sie den Trick. Sie nahm die Spritze in die Faust und stieß sie ins Fleisch. Leider vergaß sie bei mir, daß meine Haut dünner war, und rammte mir auch eine Spritze hinein. Ich schrie vor Schmerz und Überraschung auf, doch die Spritze war drin.

»Stell dich nicht so an!« beruhigte sie mich auf ihre Art. »Du redest doch sonst immer von Solidarität zu deinen afrikanischen Schwestern und Brüdern, hier kannst du sie mal erleben.«

Karin mußte bald feststellen, daß ihre Patienten nicht nur an Zahnkrankheiten litten, sondern die meisten auch an Würmern. Deshalb kaufte Karin mehrere große Flaschen mit einem Wurmmittel, und jeder Patient bekam zunächst einmal einen oder mehrere Löffel davon verabreicht. Dieses Medikament wurde bald sehr populär. Erstens, weil man dann plötzlich Würmer aus sich herauskriechen sah, und zweitens, bei den Kindern, weil es so gut schmeckte und so süß war. Karin mußte aufpassen, daß ihr nicht schon unsere nähere Nachbarschaft die ganze »Medizin« wegtrank.

Karin war die einzige Zahnärztin für etwa eine Million Menschen. Es sprach sich schnell herum, daß sie da war, und bald füllte sich die Umgebung unserer »Dental Surgery«. Keiner kam zu einer Vorbehandlung, sondern erst, wenn die Backe geschwollen war und er oder sie es vor Schmerzen nicht mehr aushielt. Oder der Jujumann auch keinen Rat mehr wußte.

Zuerst fand es Karin sehr gut und nachahmenswert, wie Afrikaner ihre Zähne putzten. Jeden Morgen brachen sie einen kleinen Zweig von einem Baum oder Strauch, bissen vorne die Spitze strubbelig, bürsteten sich damit den Belag von den Zähnen und kauten darauf. So sah man am Morgen viele Menschen um ihre Hütten wandeln, noch in ihr nächtliches Laken gehüllt und eifrig kauend und schrubbend.

Doch bald änderte Karin ihre Meinung. Denn wenn ein zähneschrubbender Ghanaer durch ein Loch in seinen Zähnen irritiert wurde, versuchte er das Loch auch mit dem ausgefransten Holzstück zu reinigen und die Nahrungsreste zwischen den Zähnen herauszuholen. Dabei blieben im Loch und zwischen den Zähnen Holzreste zurück, die auch in Wunden eindrangen und dort Infektionen und Schmerzen verursachten. Deshalb war Karin bald gegen diese Art des Zähneputzens.

Sie behandelte pro Tag etwa achtzig bis hundert Patienten. Doch es kamen immer mehr. Die warteten nicht nur ein paar Stunden, sondern oft Nächte und Tage, ehe Karin Zeit für sie fand. Meine Mitarbeiter, die sich mittlerweile eingestellt hatten (natürlich alles Afrikaner), und ich überlegten uns, was wir mit den Wartenden tun sollten.

Wir beschäftigten sie. Darwin, ein Lehrer, brachte ihnen Lesen und Schreiben bei. Jonas sang mit ihnen. Ich trainierte sie im Kopfrechnen und erzählte ihnen »Massa Jesus Stories«.

Sie wissen ja, wenn einer Zahnschmerzen hat, kann man mit ihm machen, was man will!

Das Kreuz mit dem Strick

In unserer Baracke lag also rechts die Zahnklinik, in der Mitte die Halle und links unsere Wohnung. Das etwas größere Wohnzimmer war gleichzeitig mein Arbeitszimmer und der Raum, wo ich mich mit den Mitarbeitern und unseren Gästen traf.

Besuch kam dauernd. Aber afrikanisch, das war nicht so anstrengend wie europäisch. Wenn Besuch kam, ging der so an unseren privaten Zimmern vorbei, als ob die gar nicht da wären. Wir konnten dort also bei offener Tür, wegen der Hitze, weiterschlafen - er sah uns nicht. Er störte uns auch nicht.

Der Besuch setzte sich ins Wohnzimmer und blätterte dort das durch, was gerade zum Lesen und Ansehen herumlag. Die Zeitung, kümmerlich genug in ihrer Information, voll mit Satzfehlern und holprigen Sätzen, wurde noch einmal studiert. Alles, auch die Anzeigen. Das war so etwas wie eine nationale Aufgabe für jeden, der lesen konnte.

Ganz besonders beliebt waren auch unsere Alben. Das Papier hatte durch die vielen, oft auch fettigen Fingerabdrücke seine ursprünglich weiße Farbe bald verloren.

Ein Krug Wasser stand im Wohnzimmer immer bereit, und ein Glas auch. Der Gast trank ein Glas voll, spülte es am Schluß für den Nächsten aus, schüttete das Spülwasser aus dem Fenster und verschwand wieder.

Während der Gast da saß, schlug er die Knie gegeneinander. Das war ein sehr beliebtes Gesellschaftsspiel, das Nervosität und Schüchternheit abbaute.

Man brauchte sich in keiner Weise um den Gast zu kümmern. Das erwartete er gar nicht. Wenn er soweit war, daß er gehen wollte, stand er auf und sagte: »I am going.« Ich gehe jetzt.

Und das tat er dann auch. Wir ließen das Zimmer immer offen. Weil wir keine Wertsachen besaßen, brauchten wir auch keine Angst zu haben, daß etwas wegkam.

Karin und ich sind Bücherratten. Wir lesen unheimlich viel und wann immer wir können. Doch damals, zu Beginn unserer Karriere in Takoradi, lagerten unsere Bücher noch in Kisten, und die Wände des Wohnzimmers waren kahl.

Eines Tages, als wir mit unseren Freunden und Mitarbeitern zusammensaßen, sah Mr. Bosumtwi, Lokführer und der Älteste von uns, ganz ruhig und sorgfältig an den leeren Wänden entlang. Wir alle folgten seinem Blick, denn was er sagte und dachte, war immer wesentlich.

Dann sah er Karin und mich an und belehrte uns: »Eure Wände sind so kahl. Da fehlt etwas.«

Wir wiesen auf die Bücher hin, die sich in Zukunft dort aneinanderreihen würden, doch er schüttelte den Kopf und meinte: »Trotzdem werden die Wände kalt und fremd bleiben. Aber ich werde das ändern.«

Als Mr. Bosumtwi gegangen war, begann Karin, Befürchtungen auszustoßen. Er hatte die Wände seiner Hütte mit politischen Leitartikeln aus Zeitungen und mit philosophischen Essays tapeziert. Es war überhaupt üblich, Zeitungspapier als Tapeten zu benutzen. Karin fürchtete das für uns und forderte mich auf: »Das mußt du ihm ausreden. Tapete ist auch nicht gut, wegen der Ameisen, die dann darunterkriechen und den Klebstoff fressen.«

Aber ich vergaß es.

Bald darauf erschien Mr. Bosumtwi ganz feierlich mit unseren Freunden auf dem Flur und bat Karin und mich, das Wohnzimmer zu verlassen und erst zu kommen, wenn er uns rufen würde. Karin befürchtete das Schlimmste und stieß mich an. Ich versuchte auch, etwas gegen eine eventuelle Tapete vorzubringen, doch Mr. Bosumtwi war ganz feierlich und bat uns mit einer höflichen Geste, uns doch zurückzuziehen. Wir warteten in Karins Praxis. Ich dachte, daß bei ihr gleich die Tränen loslaufen würden, obwohl sie sonst sehr sparsam damit umging.

Wir stellten uns auf eine lange Wartezeit ein. Doch schon nach einigen Minuten erschien Darwin und bat uns in unser Wohnzimmer zurück.

Dann sahen wir etwas an der Wand, das wir gar nicht dort erwartet hatten. Es wirkte zunächst klein und verloren, aber als ich fragend unsere Freunde ansah und ihre frohen Gesichter erblickte, die erwartungsvoll auf unsere Freude und Überraschung warteten, da mußte ich lächeln, und Karin auch.

Sie hatten uns ein Kreuz an die Wand gehängt. Mr. Bosumtwi hatte es aus mehreren verschiedenen Sperrholzbahnen zusammengeleimt. Es war kein Kunstwerk, doch all ihre Liebe und Fürsorge für uns steckten darin.

Mr. Bosumtwi setzte räuspernd zu einer Rede an: »Also, ein großer Redner bin ich nicht. Ich bin Lokführer und Gewerkschaftsvorsitzender. Aber ich brauche auch keine Rede zu halten, weil ihr unser Bruder und unsere Schwester seid. Jetzt ist die Wand nicht mehr kahl. Jetzt hängt ein Kreuz daran. Ihr müßt immer darauf sehen. Im Kreuz ist unser Glaube, unsere Hoffnung, unsere Liebe. Master Jesus hat euch lieb, daran sollt ihr denken und wir auch.«

Wir umarmten alle, unsere Brüder und Schwestern. Dann stellten wir uns im Halbkreis vor das Kreuz und sangen in den vier vorhandenen Sprachen: »Großer Gott, wir loben dich.« Das tat gut.

Einige Zeit später bekam ich Besuch von einem anderen Freund. Der war als Missionar ganz tief im Busch tätig. Er war Franziskanermönch und trug eine weiße Kutte, mit dem obligatorischen Strick um den Bauch. Er hatte ja als Pater schon eine ganze Reihe von Kreuzen gesehen und war zunächst von dem unsrigen nicht besonders angetan. Doch als ich ihm die Geschichte erzählte, änderte er seine Meinung und war gerührt.

Plötzlich knotete er seinen Strick auf und schlang ihn um unser Kreuz herum. »Karin und Fritz«, sagte er mit bewegter Stimme, »auf das Kreuz sehen ist gut. Aber wenn ihr nicht mehr weiter wißt, wenn es nicht mehr weiter geht, denkt immer daran: Unser Erlöser ist an das Kreuz geschlagen und gebunden worden, für uns. Wir sind an sein Kreuz gebunden. Für immer und ewig. Das macht uns frei.«

Wir haben das Kreuz immer bei uns, wo immer wir hinziehen, mit dem Strick darum.

Die Blechkirche

Damals gab es nur wenige Christen in Takoradi. Die meisten Menschen glaubten an Geister und fürchteten sich vor deren Priestern, den sogenannten Jujumen. Wer krank wurde, sich bedroht fühlte, etwas Besonderes erreichen oder einen Gegner bekämpfen wollte, ging zum Jujumann, und zahlte die von ihm geforderte Summe. Der setzte seine priesterlichen und magischen Tricks ein, die oft sehr überzeugend wirkten. Ich werde später noch darüber schreiben.

Als der natürliche Hafen von Takoradi ausgebaut wurde, kamen Menschen aus den anderen Teilen des Landes in diese abgelegene Stadt, halfen beim Ausbau und blieben als Hafenarbeiter und Matrosen. Der Handel blühte, besonders mit den in Europa begehrten Mahagonistämmen, die in Takoradi verladen wurden. Die beiden nahegelegenen Städte Sekondi und Takoradi wuchsen zu einer zusammen.

Als die Fremden in die Stadt strömten, gab es darunter auch einige Christen aus Accra und den Akwapimbergen im Osten des Landes. Die fanden sich und versammelten sich regelmäßig zum Beten und Bibellesen in ihren Hütten. Da jeder von ihnen zu einem Missionar wurde, der die frohe Botschaft in seiner Nachbarschaft und auf der Arbeitsstelle weitererzählte, reichten bald die Hütten für ihre Zusammenkünfte nicht mehr aus. Die Christen überlegten, wie und wo sie sich eine Kirche bauen konnten. Als sie sich vorsichtig nach Grundstücken in der Stadt erkundigten, trauten sie ihren Ohren nicht und erschraken: Die geforderten Preise waren für sie einfach unerschwinglich. Ganz weit draußen, in den Sümpfen und im Dschungel, hätten sie, ohne jemanden zu fragen, bauen können, doch dorthin konnten die Besucher erst nach langen und gefährlichen Fußmärschen gelangen. Die Christen gehörten zu den Armen der Stadt, zu den Arbeitern und kleinen Angestellten. Das, was sie verdienten, reichte kaum für sie und ihre Familien aus.

Sie schlossen sich dann einer etablierten Kirche im Lande an, die aus einer ausländischen Missionsaktivität entstanden war, zahlten Beiträge und hofften, von dort beim Landkauf unterstützt zu werden. Die Kirche wollten sie selbst bauen. Doch die Kirchenleitung wies sie ab und bedeutete ihnen, daß sie selbst kaum Geld hätte.

Zu dieser Gemeinde gehörten auch Männer der unterschiedlichsten und seltsamsten Berufe. Einer von ihnen war Lumpenhändler, ein Klüngelkerl, wie man sie bei uns im Ruhrgebiet nennt. Ein anderer wurde »Who dei for top« gerufen. Seine Aufgabe bestand darin, die Toilettenkübel in den Hütten und Häusern zu leeren und den Inhalt nach draußen vor die Stadt zu tragen.

Woher der Name »Who dei for top« kam, lernte ich gleich nach meiner Ankunft. Das war während meiner ersten Nacht in Afrika. Ich saß mit ein paar Leuten zusammen, die ich zufällig getroffen hatte. Sie ließen mich in ihrem Haus übernachten. Das lag am Rande der Innenstadt von Takoradi. Dann mußte ich mal. Es war ein etwas besseres Haus, man zeigte mir den Verschlag, der gleichzeitig auch als Badezimmer und Waschküche diente. Am Ende, an der Wand, lehnte eine einfache Holzkiste. Oben drauf lag ein Deckel, wie ich ihn noch vom Plumpsklo meiner Großmutter in Masuren her kannte. Ich nahm ihn ab und setzte mich. Unten drunter stand ein Blecheimer, wie ich festgestellt hatte.

Kaum saß ich, da hörte ich von draußen, knapp neben mir, ein Geräusch. Eine Klappe wurde geöffnet, und ein Luftzug kam von draußen hochgeweht. Ich dachte schon, ein Dieb wollte sich durch die Klappe hereinzwängen. Aber eine rauhe Männerstimme rief: »Who dei for top?«

Ich sprang auf, die Hosen hoch und aus der Toilette heraus. Erst starrten mich die Leute an, aber dann brach schallendes Gelächter los. Ich verstand erst nicht, aber dann bekam ich alles erklärt.

Das Haus besaß keine Toilette mit Wasserspülung. Nur ganz wenige Reiche konnten sich so etwas leisten. Die meisten gingen auf eine öffentliche Toilette, die wie diese private jede Nacht geleert wurde. Dazu liefen Männer mit großen Kübeln auf dem Kopf durch die Stadt, in die sie die Eimer aus den Häusern leerten. Diese Kübel stanken. Sie taten so, als ob sie laufen würden, um anzudeuten, daß sie den Passanten den Gestank erträglicher machen wollten.

Wenn sie an ein Haus herankamen, öffneten sie die Klappe für den Eimer und riefen in Pidgin-Englisch: »Who dei for top?« - Sitzt da einer oben drauf? Meldete sich keiner, dann zogen sie den Eimer weg, entleerten ihn, wischten ihn mit einem Reisigbesen durch, streuten etwas Torf ein und liefen zum nächsten Haus.

Wegen ihres Rufes wurden diese Männer »Who dei for top« genannt. Es waren meistens Crus aus Liberia, die an der Küste als Hafenarbeiter unterkamen und sonst die Arbeiten machten, die keiner tun wollte.

Der Hüttengemeinde in Takoradi gehörten deshalb auch Crus wie dieser Lumpenhändler, der »Who dei for top«, an. Beide suchten nach einem Grundstück für die Kirche und fanden schließlich eines. Als der grinsende Mann, dem es gehörte, ihnen den Preis nannte, kauften sie es sofort. Der Mann war froh, als er es los war.

Freudig liefen die beiden zur Versammlung und forderten diese auf, sofort einen Dankgottesdienst zu veranstalten, weil sie nun einen Platz für die Kirche hätten. Der Gottesdienst fand auch statt, doch als anschließend nach dem Platz des Grundstücks gefragt wurde, kehrte Enttäuschung ein. Zwar lag das Gelände am Rande der Innenstadt, also ziemlich zentral und nicht weit weg vom Markt. Doch es gehörte noch zu den Ausläufern des Schuttabladeplatzes, wenn man es einmal positiv ausdrücken will. Das heißt, dicke Schichten von Schutt und stinkendem Abfall mußten erst einmal beseitigt werden, ehe man auf festen Grund kam. Es stank dort ganz furchtbar. Kadaver von Tieren faulten vor sich hin. Fliegen und Moskitoschwärme bedeckten alles wie ein dicker, lebender Teppich. Abfallwühler und ganze Schwärme von Kindern bevölkerten den ganzen Tag den Platz und die Umgebung. Geschwader von Geiern kreisten darüber und fielen auf die Beute herab. Ratten, Mäuse und Schlangen waren nicht zu zählen. Zwar spritzte die Stadtverwaltung regelmäßig das Gelände ab und verbot das Schuttabladen, doch keiner richtete sich danach.

Die meisten Gemeindemitglieder wehrten sich gegen dieses Grundstück, aber sie wollten die beiden Käufer nicht enttäuschen. Deshalb überlegten sie hin und her, und als keiner auf eine bessere Idee kam und niemand zusätzlich Geld dazulegen konnte, sangen sie fröhlich das folgende Halleluja mit.

Es stank zwar furchtbar, als sie zur Grundstücksbesichtigung schritten, aber langsam gewöhnten sie sich daran. Die schwere Arbeit, die mit der Schutt- und Müllbeseitigung folgte, brachte die Versammlung noch enger zusammen. Jeden Morgen wurde ein Bibelspruch verlesen, ein Gebet gesprochen, und dann ging man mit Gesang an die Arbeit.

Schon bei der Freilegung des festen Grundes wurde nach einem Namen für diese Kirche gesucht. Den schlug der »Who dei for top« vor: »Trinity«, meinte er, also Dreieinigkeit. Erstaunt sahen ihn die biblisch Weitergebildeten an. Daß dieser einfache Mann, der kaum lesen konnte, schon so einen komplizierten Begriff kannte! Ein Vorarbeiter vom Hafen, der Bibelkundigste der Versammlung, fragten den Kübelträger: »Ist ein guter Name, aber was stellst du dir darunter vor?«

»Ich habe den Namen schon öfters gehört, wenn die Andachten im Radio machen«, erklärte der Kübelträger, »der hat was mit drei zu tun und ist fromm. Weil wir ja von drei Stämmen kommen, die hier beten und die Bibel lesen, darum meinte ich, würde der Name gut passen.«

Der Kübelmann wurde aufgeklärt, was Trinität eigentlich bedeutete, wogegen er auch nichts hatte; im Gegenteil, er war sehr erfreut darüber, aber der Name für die Kirche und Gemeinde blieb. Von Anfang an herrschte darin Einigkeit.

Als man dann die Erde freigelegt hatte, stellte sich die Frage, aus welchem Material die Kirche gebaut werden sollte. Die Gemeinde besaß kein Geld, und der Lumpenhändler und der Kübelmann hatten all ihre Ersparnisse für das Grundstück ausgegeben. Aber die beiden Männer, die den Wert von Abfällen kannten, fanden auch hier einen Rat. Aus dem Urwald holten sie sich Krüppelbäume, die von den Mahagoniraubbauern dort stehen- oder liegengelassen worden waren. Diese armdicken oder etwas breiteren Krüppelstämme bildeten das Gerüst der zukünftigen Kirche. Sie wurden in den Boden gerammt. Auch das Giebeldach wurde aus diesen Hölzern erstellt. Wenn ein Stamm nicht reichte, wurde der andere auf ihn genagelt und gebunden. Wo man Nägel und verrostete Blechstreifen im Müll fand, wußte der Lumpenhändler. Das Gerippe für die Außenmauern baute man so groß, daß darin etwa zweihundert Leute Platz finden konnten. Obwohl die Versammlung bisher nur aus etwa fünfzig Leuten bestand, war man sicher, daß noch mehr Leute hinzukommen würden.

Als das Gerippe aus Baumstämmen und Zweigen stand, wurde ein Richtfest gefeiert, wie im Alten Testament. Schon auf diesem Fest wurde der nächste Bauabschnitt besprochen: »Wie soll denn das alles verkleidet werden?«

Auch da hatte der Klüngelkerl die beste Idee. Takoradi hatte im Zweiten Weltkrieg den Alliierten als Flottenstützpunkt gedient. Schiffe aus Amerika und Südafrika legten dort zum Auftanken an. Die Marine benutzte Takoradi auch als Schuttabladeplatz. Besonders auf den amerikanischen Schiffen hatten sich Berge von leeren Büchsen und Benzinkanistern angesammelt, die man nicht einfach ins Meer kippen wollte. Man fuhr sie bis an den Stadtrand und warf sie dort auf einen Haufen. Da entstand dann auch der städtische Müllabladeplatz. Mittlerweile waren die Büchsen und Kanister schon angerostet, doch der Lumpenhändler meinte: »Dieses Blech ist noch in gutem Zustand. Viele Schmiede bauen Öfen und sogar Autoaufbauten daraus. Wir können ganz gut mit diesem Blech die Wände und das Dach unserer Kirche ausschlagen. Andere machen das auch so. Blechdächer gibt es schon reichlich in unserer Stadt, die Strohdächer werden von ihnen abgelöst.«

Auch dieser Vorschlag wurde zunächst mit Erstaunen registriert, dann aber, als man keine andere Möglichkeit fand, angenommen.

Also wurden zunächst einmal die Blechbüchsen und Kanister gestapelt, auseinandergeschnitten und zu Blechplatten geklopft. Diese Platten wurden dann auf das Gerüst geschlagen, so daß eine Blechumhüllung für die Kirche entstand. Zwar waren die Blechplatten nicht alle einheitlich groß und auch unterschiedlich verrostet, und nicht jedes Loch war abzudecken, aber es entstand ein vielfältiges Bild, das in etwa an heutige deutsche Blechplastiken erinnerte, die bei den Bürgern Ärgernis erregen. Daß nicht alle Flächen abgedeckt werden konnten, war auch nicht schlimm, denn so fand die leichteste Brise noch einen Weg in die schon bald gedrängt volle Kirche - eine Wohltat bei der Dauerhitze und Feuchtigkeit von Takoradi.

Als störend wurde allerdings empfunden, daß man auf einigen Kanistern und Dosenplatten noch die Herstellerfirmen und die Militärnummern lesen konnte. Doch bald rosteten die weg.

Wenn die Brise sich verstärkte, fingen die lockeren Platten an zu scheppern. Das war nicht zu verhindern, denn um die durchgeschlagenen Nägel herum vergrößerten sich allmählich die Löcher, und so rutschten die leichten Platten in der Brise hin und her. Zunächst irritierte mich dieses Geräusch, als ich in die Blechkirche geriet, aber bald übte es auf mich eine beruhigende Wirkung aus. In der Hitze dachte ich an einen Flaschenreinigungs- und Abfüllbetrieb und an die dort produzierten, eiskalten Getränke, später kam ich auf Schweizer Gebirgsbach, und das war noch erfrischender.

Wenn es regnete, wuchs das scheppernde Geräusch derart, daß kein Wort mehr zu verstehen war. Aber das störte die Blechkirchenversammlung in keiner Weise. Dann wurde eben gesungen, bis der Regen endlich aufhörte.

Das Dach wurde immer wieder so gedeckt, daß kein Regen hindurchdrang. Die Gemeinde legte mehrere Blechschichten übereinander. Allerdings fällt der Regen in Afrika nicht nur von oben herab, er kann auch durch den Sturm von der Seite her vorangetrieben werden. So bekamen die Leute, die an den Fensterlöchern saßen, gelegentlich eine starke Dusche ab. Aber sie nahmen es fröhlich auf und riefen: »So brauchen wir uns heute nicht mehr zu waschen, sondern nur noch abzutrocknen.« Aufs Dach setzten die frommen Leute ein gewaltiges Kreuz aus Mahagoniholz. Weil es so schwer war, hatte es die Tendenz, sich immer zur Seite zu neigen. Doch wir richteten es wieder auf mit Gesang.

Dann meinten die Gemeindemitglieder, daß zu einer richtigen Kirche auch eine Glocke gehörte. Der Lumpenhändler suchte, aber er fand keine. Dann kam ihm ein »Fitter«, ein Kraftfahrzeugmechaniker ohne Ausbildung, zu Hilfe. Der war ein musikalischer Mann, er leitete in der Blechkirche den Kirchenchor. In seiner Werkstatt fanden sich zerbeulte und gebrochene Radfelgen, die nicht mehr zu reparieren waren. Von diesen hängte er eine Reihe an die Regentraufe am Dach und auf dem Metall spielte er dann an jedem Abend und vor unseren Gottesdiensten eine bekannte Choralmelodie. So besaßen wir dann nicht nur eine Glocke, sondern ein ganzes Glockenspiel. Das klang zwar nicht so rein wie das in Nürnberg, aber es lockte doch viele Neugierige an und in die Kirche hinein.

Mit vielen Chorälen und Schweiß war diese Blechkirche errichtet worden. Das spürte jeder, der sie betrachtete. Man fühlte den Glauben, die Hoffnung und die Liebe, die darin steckten. An den Sonntagen drang Jubelgesang heraus, und das verrostete Blech klapperte fröhlich dazu.

Die Blechkirche als Gesamtschule und Ziegenstall

Zunächst hatten wir natürlich nicht an einen eigenen Prediger gedacht, sondern nur an einen sozusagen sakralen Raum. Aber dann ergab es sich einfach so. Obwohl es an Predigern in der Blechkirche nicht mangelte, suchte die Versammlung doch nach einem, der auch theologisch etwas leiten konnte, aber so, daß er sich nicht zu weit von seinen Zuhörern abhob.

Auch mußte bedacht werden, daß er sich auf die vier Stämme einstellen konnte, die sich nun sonntäglich in der Blechkirche versammelten. Von Anfang an herrschte in der Blechkirche das Prinzip, daß jeder in seiner Muttersprache die frohe Botschaft hören sollte und so, daß er sie verstand. Das bedeutete, daß jeden Sonntag in der Blechkirche vier Predigten gehalten wurden, und dann auch noch die Leitpredigt in Pidgin-Englisch, das fast alle verstanden, das aber für alle eine Fremdsprache war.

Einen Pfarrer konnte sich die Gemeinde der kleinen Leute nicht leisten. Sie hatten sich total mit der Blechkirche verausgabt. Nicht so sehr mit den Baukosten als mit den Bestechungsgeldern, die Baubehörden und Stadtplaner verlangten, ehe sie die Genehmigung zum Bau gaben.

Beim wichtigsten Mann der Behörde, der die bauentscheidende Unterschrift geben mußte, war dann aber kein Bestechungsgeld mehr vorhanden.

Der Schafhirte, der für die Kirche verhandelte, ein milder Mensch, flehte den Verwaltungsbeamten an, und als der auf einem »dash«, also einem Handgeld, bestand, bot der Hirte verzweifelt an: »Alles, was ich noch habe, ist meine Bibel. Wenn du die haben willst?«

Der Beamte wollte sie haben.

Der Schafhirte versuchte sich noch zu wehren: »Aber in der Heiligen Schrift steht doch, daß man nicht des Nächsten Weib, Kuh, Haus und auch nicht seine Bibel begehren soll ...«

Darauf entschied der Behördenchef doch für sich: »Da steht aber auch, du sollst dem Ochsen, der da drischt, das Maul nicht verbinden.«

Als die Kirche dann stand, wurde ganz intensiv um einen Prediger gebetet. Und der erschien auch, wie vom Himmel gefallen. Es war ein junger Lehrer aus den Akwapimbergen, dem es dort zu eng geworden war und der sich darum auf die Walze begab. Er hatte schon einige Jahre in Accra unterrichtet und dort Ga gelernt, und nun war er in den Westen geraten.

Er war auch ein neugieriger Mann, der immer das Besondere suchte und deshalb auch die Blechkirche fand. Im Gottesdienst ging ihm das Herz auf, und er fühlte sich dort sofort unter Schwestern und Brüdern, obwohl er sich im Gebiet eines fremden Stammes befand.

Als er das den Ältesten sagte, sahen die sich an, traten dann gemeinsam vor ihn und behaupteten: »Gott hat dich zu uns gesandt. Du bist ein gebildeter Mann, du mußt unser Prediger werden.«

So etwas war der Lehrer noch nie gewesen, aber die Blechkirchler hörten sofort, wie gewählt er sich in mehreren Sprachen ausdrücken konnte und daß er eine Botschaft für sie hatte.

Er sagte ihnen aber auch, daß er Lehrer sei und eigentlich nach einer Schule suche. Allerdings nach einer, wo man den Kindern nicht nur Wissen eintrichtern wollte, sondern wo sie auch Jesus kennen und lieben lernen sollten.

»Dann bist du hier bei uns genau richtig!« rief der Vorarbeiter vom Hafen. »Unsere Blechkirche kannst du während der Woche ganz gut als Schule benutzen.«

Man setzte sich hin, im Schatten der Kirche, briet sich ein paar Hühner und sprach das alles durch. Der Lehrer war schnell überzeugt. Er hatte sich in der Stadt schon nach Kirchen und Schulen umgesehen, doch alle zu fremd, englisch und steif gefunden. Ihm war da noch zu sehr das Fremde nachgemacht, doch hier wurde der Glaube frisch und afrikanisch gelebt; so konnte er auch die Kinder erziehen.

Für den Lehrer und Prediger wurde ein Blechverschlag errichtet, den man später immer mehr erweiterte, als er heiratete und seine Frau fünf Kinder von ihm bekam - in bester Pastorentradition.

Während der Woche verwandelte sich die Blechkirche in eine Blechschule. Die Schreiner und andere Handwerker der Gemeinde zimmerten mit dem Lehrer niedrige Schulbänke ohne Lehnen, die in der Woche von kleinen Kindern und sonntags von uns Erwachsenen im Gottesdienst benutzt werden konnten.

Während der Woche saßen also die Kinder in unserer Blechkirche. Die erste Klasse vorne, die nächsten Klassen in den nächsten Reihen bis zum siebten Schuljahr, das ganz hinten saß.

Da Kwesie ein guter Lehrer war, bekam die Schule bald regen Zulauf, und immer mehr Kinder mußten in den Klassenraum gestopft werden.

Die Bänke wurden immer enger aneinandergestellt, weil immer mehr Kinder sich in die Blechkirche drängten. Später mußten wir dann noch anbauen, doch davon zu gegebenem Zeitpunkt.

Die Schulkinder trugen Uniformen, wie es in Ghana üblich war, damit die Einkommensunterschiede der Eltern nicht so sehr auffielen. Den Jungen wurden Jacken und Hosen aus starkem Khakidrillich angepaßt, aber so groß, daß sie sieben Jahre lang hineinwachsen konnten. Die Mädchen wurden schicker angezogen. Sie bekamen Kleider in fröhlichem Gelb, mit roten Rändern, die sehr gut zu der dunkelbraunen Haut der Afrikaner paßten. Die kleinen

Mädchen kamen in Abendkleidern zur Schule, und wenn sie sie verließen, waren die Abendkleider zu Miniröcken zusammengeschrumpft.

Wenn die Kinder am Nachmittag nach Hause gingen, trieb der Pastor und Lehrer sein Vieh in die Blechbude, denn hätte er seine Ziegen und Hühner nachts draußen gelassen, wären sie ihm bestimmt gestohlen worden. In die Kirche trauten sich die abergläubischen Diebe nicht hinein.

Jeden Morgen mußten die Kinder dann die Kirche saubermachen. Ganz gründlich natürlich am Samstagabend vor dem Sonntag. Aber Kenner wissen, daß man den Ziegengeruch nicht so leicht aus einem Raum herausbekommt. Also duftete unsere Blechkirche immer danach, und wir genauso, wenn wir am Sonntag nach der Kirche wieder die normale Welt betraten. So wie Katholiken nach Weihrauch duften, so hatten wir diesen Geruch an uns.

Bald hatten wir auch unseren Spitznamen weg: »In der Blechkirche treffen sich die Mähmähchristen.« Und doch kamen immer wieder Menschen zu uns. Das lag auch daran, daß alle Gemeindeglieder fleißig ihre Nachbarn besuchten, ihnen von Massa Jesus und unserer Blechkirche erzählten und sie einluden.

Unsere »Market Mammies«, zum Beispiel Miss Mercy Mills, Mutter von fünf Kindern

Ama wurde sie genannt, nach dem Wochentag, an dem sie zur Welt gekommen war. Ihre Mutter gebar über ein Dutzend Kinder, von denen fast die Hälfte wieder starb. Sonst rackerte sie sich auf einem Acker ab und war die Sklavin eines Mannes, der noch vier weitere Frauen sein eigen nannte.

Ama mußte ihrer Mutter schon früh helfen. Als sie gerade selbst gehen konnte, wurde ihr schon ein kleines Brüderchen hinten auf den Rücken gebunden, für das sie nun wie eine Mutter verantwortlich war. Auch mußte sie der Mutter helfen, den harten, sonnenverbrannten Boden zwischen den Mahagoniwurzeln zu hacken.

Ihre älteren Geschwister schickte die Mutter mit den Produkten des kleinen Gartens an die Straße, um sie dort zu verkaufen. Als Ama dann auch einmal losgeschickt wurde, stellte die Mutter fest, daß sie alles verkaufte, und zu einem guten Preis. Nach diesem Erfolg, der sich wiederholte, bestand Amas Aufgabe hauptsächlich darin, alles das zu verkaufen, was die Familie auf dem kargen Boden ernten und von den Bäumen und Sträuchern pflücken konnte.

Am Straßenrand, an dem die Mammylorries hielten, erfuhr Ama, daß man in der Stadt, auf dem Markt von Takoradi, alles noch günstiger verkaufen konnte. Sie begab sich dorthin.

Auf dem Markt herrschte ein harter Konkurrenzbetrieb. Ama sah aber auch, daß eine bestimmte Frau ganz besonders gut verkaufen konnte, nämlich die »Weaver-Queen«, die Weberkönigin, die mit ihren bunten Stoffen alle Frauen auf dem Markt anzog. Ama schlich sich mit ihren Produkten dicht an sie heran und guckte ihr alles ab. So lernte sie, auch in Takoradi zu verkaufen. Sehr befriedigt war ihre Familie, wenn Ama mit ihrem Gewinn wieder in der Hütte erschien, aber Neid gab es auch.

Als sie etwas größer geworden war, merkte sie, daß immer mehr junge Männer um sie herumstrichen. Doch die Mutter sah, daß Ama bald eine junge Frau sein würde, und nahm ihre Tochter auf die Seite: »Laß dich nur nicht mit diesen Kerlen ein. Die machen süße Worte und drehen dir, schneller als du denken kannst, ein Kind an. Dann verschwinden sie.« Das gleiche sagte auch die »Weaver-Queen« zu ihr.

Doch bei einem jungen Mann konnte Ama der Süße seiner Worte und den Ohrringen, die er ihr schenkte, nicht widerstehen, und so kam bald ihr erstes Kind auf die Welt. Sie war etwa fünfzehn Jahre alt. Ihren genauen Geburtstermin kannte sie nicht, da man in ihrer Umgebung keine Kalender benutzte.

Schon früh wurde sie also für ihr eigenes Kind verantwortlich, hatte es immer bei sich, auf dem Rücken, stillte es und ließ es neben sich auf dem Markt spielen.

Ama liebte ihr Kindchen. Es machte ihr auch nichts aus, als ihr Vater schimpfend erklärte: »So, jetzt mußt du selbst für dich sorgen.« Das tat sie schon lange, und sie vergaß ihre Familie im Dorf dabei nicht. In einer Hütte in der Nähe der Stadt fand sie einen Platz zum Schlafen.

Als ihr der Sinn danach stand, ließ sie sich von einem anderen jungen Mann betören, und wieder kam ein Kind an. So verlief ihr Leben. Sie kaufte die Waren von den Mammylorries, die zum Markt kamen, verkaufte sie mit Gewinn weiter und erzog ihre kleinen Kinder, bald ein halbes Dutzend. Eines starb leider.

Ich muß hier noch etwas zu den Mammylorries sagen. Das sind offene Zwei- bis Fünftonner, auf denen nicht nur Waren zum Markt und von einem Ort zum andern befördert werden, sondern auch Menschen. Für die Fahrgäste legten der Fahrer und sein Abkassierer Bretter auf die hohen Seitenaufbauten. Darauf drängten sich die Leute, nachdem sie über und unter sich ihre Traglasten verstaut hatten. Weil die Mammies morgens auf dem Weg zum Markt diese Wagen benutzten, bekamen sie den Namen Mammylorry.

Wenn die Mammies dann reich wurden, legten sie sich auch so einen Wagen zu und ließen ihn für sich fahren. Diese Fahrzeuge sind mit bunten Bildern, Bibelsprüchen und sonstigen Weisheiten versehen. Einer hatte zum Beispiel auf seinem Wagen stehen: »Verlaß dich nicht auf deine Bremsen, sondern auf Gott.« Das sagt etwas über den Zustand des Wagens, aber auch über das Gottvertrauen des Fahrers und Besitzers aus. Diese Fahrzeuge werden solange gefahren, bis sie schließlich zusammenbrechen und im Straßengraben liegenbleiben. Überall zieren sie die Straßen Ghanas, oder das, was von ihnen nach der Ausschlachtung übriggeblieben ist.

Die Marktfrauen hatten und haben den Handel Ghanas in der Hand. Sie haben auch politische Macht. Kwame Nkrumah, der Befreier und erste Diktator des Landes, wäre ohne die finanzielle Unterstützung der Marktfrauen, besonders der »Weaver-Queen«, nie an die Macht gekommen.

Die meisten von ihnen hatten nie eine Schule besucht. Ihr Verhältnis zu den Männern hatte sich gewandelt. Sie wurden nicht mehr von Männern wie Sklavinnen gehalten, wie es vorher üblich war und wie ihre Mütter es noch erlebten, sondern sie nahmen sich Männer, wenn sie ein Kind haben wollten, und ließen sie dann wieder laufen. Sie schmückten sich mit viel Gold und hüllten sich in bunte Gewänder.

Auch legten sie sich englische Namen zu, weil das als vornehm galt. Da sie aber keine Missis sein konnten, weil diese Anrede nur einer Frau zukam, die in der Kirche getraut war und einen Ring tragen durfte, nannten sie sich Miss. Bei diesem Namen wußte jeder, daß es sich bei der Frau um eine Mutter von mehreren Kindern handelte, die aber nicht in der Kirche getraut worden war und oft auch nicht zu einem bestimmten Mann gehörte. Das Kind war für die meisten Frauen wichtiger als der Mann, und Miss ein stolzer Titel. Ein Leben ohne Kind konnte sich eine Frau überhaupt nicht vorstellen.

So fand auch Ama einen Namen, der sich für ihre Ohren gut anhörte, und nannte sich Miss Mercy Mills.

Ihr sechstes Kind wurde nach der Geburt krank. Es fieberte stark, und Mercy lief zum Krankenhaus. Dort kümmerte sich eine Schwester sehr um die Kleine, aber auch um Mercy. Leider starb das Kind, und Mercy war untröstlich. Da nahm sich die Schwester vom Krankenhaus frei und brachte Mercy nach Hause. Sie blieb bei ihr und tröstete sie. So wurden die beiden Freundinnen.

Die Schwester gehörte zu unserer Blechkirche und nahm Mercy sonntags mit zum Gottesdienst. Mercy gefiel es dort; sie fand Trost und Menschen, die sie sehr mochte. Da sie nicht einfach so dasitzen konnte, wurde sie bald in der Kirche aktiv, zuerst im Kollektengeben. Aber dann übernahm sie mit anderen den Ordnungsdienst und das Kollekteneinsammeln. Wie man an Geld kam, hatte sie auf dem Markt gelernt. Nun tat sie es, aber nicht für sich, sondern für andere Menschen und Massa Jesus, der ihr Heiland geworden war.

Auch wurde Mercy Mills als Missionarin auf dem Markt tätig, und bald zog eine ganze Gruppe von Mammies mit ihren Kindern in die Blechkirche ein.

Als Miss Mercy erfuhr, was ihr angenommener Name eigentlich bedeutete, freute sie sich sehr. Mercy bedeutet Gnade. »Das paßt genau zu mir!« rief sie.

Mercy und ihre Kolleginnen waren Frauen, die sehr gerne aßen, Fufu, das ist gestampfter Wurzelbrei aus Cassavapflanzen und Fisch aus dem Meer, alles in einer dicken, roten Pfeffersoße gekocht. Sie waren alle stabile, kräftige Frauen, denen man ihren Wohlstand ansah. Sonntags für den Gottesdienst schmückten sie sich, behingen sich mit Gold, puderten sich mit einer dicken Schicht, damit sie etwas heller aussahen, zwängten ihre breiten Füße in viel zu enge Schuhe, stöckelten auf viel zu steilen Absätzen über die holprigen Straßen und wickelten sich in bunte, teure Gewänder. Die bunten, leuchtenden Farben paßten sehr gut zu ihrer dunklen Haut.

Die Röcke waren immer eng um ihre Hüften gespannt,

ließen aber den Beinen etwas Raum zum Schreiten. Ihre ärmellosen Blusen hatten einen weiten Ausschnitt. Über eine Schulter wurde immer eine Bahn von dem Stoff gelegt, aus dem der Rock geschneidert worden war.

Meistens bewegten sie sich wiegend voran, besonders am Sonntag auf dem Weg zur Kirche. Ihr Gang hatte einen ganz anderen Rhythmus als der europäischer Frauen.

Wenn die Marktfrauen in unsere Blechkirche einzogen, setzte sich sofort alles in Bewegung. Choräle wurden nicht nur gesungen, sondern bewegten die Menschen. Unter den Marktfrauen war eine richtige Erweckung ausgebrochen. Sie lernten Massa Jesus kennen und liebten ihn, wie Maria Magdalena.

Siebentonmusik

Jeden Sonntagmorgen freuten wir uns auf die Blechkirche. Keine Probleme mit dem Aufstehen, auch für Karin nicht. Und wenn wir später nicht hochkamen, zogen uns die Kinder aus dem Bett. In der Blechkirche war immer etwas los. Hier in Deutschland bleiben sie lieber liegen, und wir leider manchmal auch.

Es war nicht leicht, die Blechkirche zu erreichen. Um sie herum Berge von Abfall und offene Abflußrinnen, die meistens verstopft waren. Den Wagen ließ ich lieber in einiger Entfernung stehen, denn die Scherben und Nägel auf dem Schrottplatz taten den Reifen nicht gut. Man konnte sonst meinen angerosteten Bulli auch ganz gut für eine Schrottkarre halten. Auf den Straßen nahm man mein Auto aber als Mammylorry, und jeder winkte und bat mich anzuhalten.

Stiegen wir aus, dann hörten wir schon das Glockenspiel unserer Wagenfelgen, und dabei zog immer ein Lächeln über unsere Gesichter. Jeden Sonntag war ein anderes Lied dran. So sangen die klopfenden Männer zum Beispiel »Großer Gott, wir loben dich«.

Vor der Blechkirche standen Mercys Marktfrauen und warteten auf die Kirchenbesucher. Bei jedem, der herankam, strahlten ihre Gesichter auf, noch mehr als bei einem Kunden. Was blieb einem da übrig, als zurückzustrahlen!

Sie freuten sich so über jeden einzelnen, daß sie ihm nicht nur die Hände reichten, sondern ihn umarmten.

In der Kirche war Miss Mercy Mills Truppe auch schon tätig. Und zwar schoben sie alle Ankommenden in die eng aneinandergestellten Kinderbankreihen. Es war nicht möglich, so wie in Deutschland einen Sicherheitsabstand zu seinem Nächsten zu halten. Bei uns ist das ja so: Wenn wir die Kirche betreten, gehen wir soweit wie möglich nach hinten und passen auf, daß uns nur ja keiner zu nahe rückt.

In unserer Blechkirche reichte der Platz nicht für alle. Deshalb preßten uns die Marktfrauen in die Bänke und an den Nächsten heran und fingen vorne an, damit die Letzten sich später noch schnell hinten hineindrücken konnten.

Bei der tropischen Hitze strömte mir der Schweiß aus allen Poren. Ich saß dicht an meinen rechten und linken Nachbarn gepreßt. Meine Knie staken im Rücken meines Vordermanns, der sich dann aber bequem dagegen lehnte, während der Hintermann seine spitzen Knochen in meine empfindliche Nierengegend bohrte. Aber ich gewöhnte mich bald an diese Sitzordnung.

Als ich zum ersten Mal in die Blechkirche geriet, wurde gesungen, obwohl nirgendwo ein Lied angeschlagen war und auch keiner ein gewünschtes Lied in den Raum rief. Die sangen einfach so. Einer begann mit der Melodie, und alle anderen fielen ein.

An sich sang man nach einer festgelegten Melodie, die ich erkennen konnte. Doch die paßte nicht immer so genau, weil der Text in fünf verschiedenen Sprachen gesungen wurde. Nicht in Dialekten wie Bayerisch oder Berlinerisch, sondern in Sprachen, die so verschieden waren wie Deutsch und Türkisch oder Finnisch.

Jeder, der zur Kirche kam, sang dort in seiner eigenen Muttersprache. So laut wie er konnte, damit Gott ihn auch heraushörte. Er schrie es seinem Stammesgenossen weit vor oder hinter ihm zu, damit der gestärkt wurde und nicht aufgab oder anfing, das Lied vielleicht im Missionarsenglisch zu singen.

Die Texte waren aber nicht von einfühlsamen Poeten in die verschiedenen Muttersprachen übersetzt worden, sondern die meisten Sänger schienen es selbst getan zu haben. Darum paßte auch der Reim nicht mehr, und schon gar nicht stimmte die Melodie mit dem neuen Text überein.

Jeder sang so laut und so falsch, wie er konnte. Es gab auch noch von Missionaren in eine afrikanische Sprache übersetzte Texte, die zwar mit den Zeilen aufgingen, deren Worte aber von den Sängern nicht verstanden wurden oder etwas ganz anderes in ihrer Sprache bedeuteten als das, was der Missionar im Sinn gehabt hatte. Daher gab es oft Gelächter bei Trauerliedern oder Niedergeschlagenheit, wenn es nach dem Liedtext eigentlich lustig zugehen sollte.

Mich wunderte auch, daß kaum einer aus einem Gesangbuch sang. Ich mußte schon eine Weile angestrengt zuhören, ehe ich die Melodie des bekannten Chorals »Lobet den Herren, den mächtigen König der Ehren« erkannte. Da ich von diesem Lied auch die erste Strophe auswendig konnte, fiel ich mit der auf Deutsch ein, obwohl man bestimmt schon im vierten Vers war. Karin stieß mich irritiert an, weil ich zu laut sang. Doch meine Mitsänger drehten sich fröhlich um und ermunterten mich, weiterzusingen. Zu den fünf einheimischen Sprachen kam nun auch noch Deutsch und die Originalmelodie, wie ich sie gelernt hatte. Obwohl mein Gesang einen deutschen Kirchenmusiker nicht gerade zu einem wohlwollenden Nicken animiert hätte. Karin wurde ermuntert, auch mitzusingen, doch sie verhielt sich ruhig und gesammelt, also finnisch.

Mich wunderte es, wieviele Strophen meine Mitsänger kannten. Soweit ich unterrichtet war, gab es bei uns nur fünf Strophen von »Lobe den Herren« im Gesangbuch, doch mein Nachbar war schon bei Vers zwölf. Neugierig fragte ich ihn: »Woher kennst du denn soviele Strophen, und dann noch ohne Gesangbuch?«

»Was soll ich denn mit einem Gesangbuch?« fragte er mich zurück. »Ich kann doch sowieso nicht lesen. Ich hab mich auch schon gewundert, weil du nur eine Strophe gesungen hast. Was ist denn los mit dir, Bruder?«

Ich bedeutete ihm, daß ich nur eine Strophe kannte.

»Ich kann noch nicht einmal eine«, bekannte er, »aber weißt du denn nicht, warum wir in der Kirche singen? Wir singen da doch nicht für das Gesangbuch, sondern weil wir Gott loben und preisen wollen, und das tut jeder so, wie es ihm einfällt.«

»Aber dann stimmt der Text doch oft nicht mit der Melodie überein!« versuchte ich einzuwenden.

»Na und?« fragte er zurück. »Wenn du keine Worte mehr hast, dann singst du eben halleluja und hosianna, das paßt immer.«

Das paßte auch immer. Auch noch, als ich Deutsch dazu sang und Karin Finnisch.

Melodien und Texte veränderten sich dabei zu einer neuen Art von Musik. Nach der Zwölftonmusik führten wir die Siebentonmusik ein. Sie bestand aus den Sprachen Twi, Ga, Ewe, Dagomba, Englisch, Finnisch und Deutsch, und wir freuten uns darüber, weil es eine biblische Zahl war.

Lasset die Kindlein zu uns kommen

Das war die Devise unserer Blechkirche, und so brachten alle ihre Blagen mit. Nun muß ich aber zugeben, daß die afrikanischen Kinder nicht so aggressiv sind wie die europäischen oder amerikanischen. Sie verhalten sich ruhiger, lieben ihre Mutter, achten und verehren ihren Vater und möchten so wenig auffallen wie möglich. In der Blechkirche schliefen sich viele von ihnen durch die Predigten; sie wachten erst wieder auf, wenn gesungen und geklatscht wurde. Andere sammelten sich draußen, im Schatten der Blechbude, zur Sonntagsschule.

Die kleinen Kinder wurden von den Müttern auf dem Rücken in die Kirche getragen. Dort schlummerten sie, mit Tüchern dicht an den warmen und sicheren Mutterleib gebunden. Die Mütter, die sich in den ersten beiden Jahren nie von ihren kleinen Kindern trennten, oder nur ganz selten, waren ganz auf diese Kleinen eingestellt. Sobald sich das Kind hinten bewegte oder einige Laute ertönen ließ, wußten sie, was es brauchte. Wenn es mal mußte, zog die Mutter es hinten aus den Tüchern heraus. Sie saß aber so eingeklemmt zwischen allen andern, daß es für sie gar nicht einfach war, mit dem Kind nach draußen zu kommen. Deshalb wurde das Kind oft von den anderen durch die Reihen nach draußen gereicht und einfach aus dem Fenster gehalten. Dann kam es ledig und froh wieder zu seiner Mutter zurück. Von Toilettentraining auf dem Töpfchen, von dem Freud soviel hielt, wußte man in Takoradi nichts. Was den Kindern gut bekam.

Wenn das Kindchen hungrig wurde, zog die Mutter es auch aus der Schutzhülle heraus. Es brauchte nicht zu warten, bis es Zeit zum Essen war. Hat ein afrikanisches Kind Hunger, bekommt es etwas zu essen. Es wird nicht so auf Zeit und Pünktlichkeit gedrillt wie ein europäisches Kind, was natürlich auch Nachteile hat, wenn man an die Entwicklung der Technik denkt und an die sogenannte »afrikanische Pünktlichkeit«, die keine Sekunden und Minuten kennt und mit den Stunden auch sehr großzügig umgeht. Alles wird auf morgen geschoben. »Tomorrow.« Doch ein Sprichwort in Ghana besagt auch: »Tomorrow never comes« - morgen kommt nie.

Wenn das Kind schon größer war, versorgte die Mutter es mit einer Banane, die sie vorher gut durchkaute und auf ihren Finger schmierte, um sie dann dem Kindchen an den Mund zu halten.

War es noch kleiner, bekam es die Brust, und kein Mensch störte sich daran. Nur die weiblichen Chormitglieder, die später einen richtigen Talar trugen, einigten sich darauf, ihre Kinder nicht im Chor vor der Gemeinde zu stillen, sondern sich zu diesem Behuf hinter das Blech zu stellen.

Auch wir, Karin und ich, zogen mit unserer kleinen Tina, und später mit den beiden anderen Kindern in die Kirche. Tina hing aber nicht auf Karins Rücken, sondern schlief in ihrem Schoß.

Als sie einmal zu weinen begann, sagte Karin zu mir: »Tinchen hat Hunger. Ich habe aber im Moment nicht genügend Milch. Im Wagen ist eine Flasche, hol sie doch bitte.«

Doch ehe ich zum Aufstehen kam, stand Mercy Mills schon neben unserer Reihe und hatte die Situation erfaßt: »Schwester, hast du nicht genug Milch? No problem, ich habe reichlich. Gib die Kleine mal her.«

Verwundert reichten wir ihr unsere kleine Tina, die dann mitten im Gang gestillt wurde. Das gefiel allen Gemeindemitgliedern so gut, daß die Predigt unterbrochen wurde und alle zu klatschen anfingen, Karin und ich auch.

Unsere Tina nuckelte vergnügt am fremden, dunkelbraunen Busen. Es ist ihr anscheinend sehr gut bekommen.

Gott ist gegenwärtig

Bevor der offizielle Gottesdienst begann, mit Pastor und Liturgie, sangen wir schon unseren siebenstimmigen Gesang, der uns allen tief aus der Seele und dem Herzen kam. Wir jubelten in der Bude, daß das Blech schepperte.

Draußen versammelte sich währenddessen der Kirchenvorstand samt Chor. Auch standen dort die fünf Prediger, die in der vorigen Woche zum Teil gemeinsam ihre Predigten vorbereitet hatten.

Eine Krankenschwester, die in England ausgebildet worden war, hatte von dort die Idee mitgebracht, daß wir auch einen offiziellen Chor haben müßten. So einen richtigen mit Chorhemden, Talar und College-Käppi. Allerdings besaßen noch nicht alle Mitglieder diese teure Tracht. Die Männer sollten einen schwarzen Talar mit weißen, kürzeren Chorhemden tragen und nichts auf dem Kopf, die Frauen den gleichen Talar, aber mit einem weißen Schal um den Hals und vor der Brust sowie eine College-Mütze, weil Paulus in der Bibel vorgeschlagen hatte, daß die Frau ihr Haupt bedecken sollte, wenn sie zur Kirche kam.

Ich meinte, diese Tracht paßte weder nach Afrika noch in unsere Blechkirche, aber die meisten waren da anderer Meinung, und der Chor war ganz besonders stolz auf seine Tracht. Viele von ihnen stolzierten damit schon auf dem Weg zur Kirche durch die Stadt. Andere besaßen nur die Kappe oder den Talar oder das Chorhemd. Was sie darunter trugen, paßte nicht immer dazu. Zum Beispiel Turnschuhe oder Sandalen, oder barfuß und darüber der Talar. Aber das störte keinen.

Dieser Chor übte auch europäisches Liedgut ein, schwierige Choräle von Bach, wobei ich nicht sicher war, ob der Chorleiter überhaupt die Noten richtig kannte.

Wir besaßen sogar einen Organisten und ein Harmonium. Unser Organist war »Hausboy«, Diener bei einer

Missionarsfamilie gewesen. Diese hatte ihm ihr altes Harmonium vererbt, als sie wieder nach Europa zurückkehrte. Auch trug unser schon grau und krumm gewordener Organist den alten Hochzeitsanzug des Missionars dazu, der um ihn herumschlotterte. Der weiße Kragen war schon längst aufgerieben, und die Farbe des Schlipses war nur noch als speckig zu bezeichnen.

Jeden Sonntag versuchte der brave Mann mit seinem Harmonium gegen unseren großen Gesang anzukommen, was ihm aber nicht gelang. Er mußte gewaltig treten, um überhaupt noch einen Ton aus dem Harmonium zu bekommen, und dann war der Ton meistens auch noch falsch, weil es eigentlich gestimmt werden mußte.

Trotzdem versuchte er immer wieder, unseren Gesang zu regulieren. Manchmal hob er auch die Hand, um uns in einen ruhigeren Rhythmus zu bringen. Er wollte uns so singen lassen, wie er es vom Missionar gelernt hatte, getragen und jedes Wort einzeln kauend, doch damit setzte er sich nicht durch.

Aber er strahlte, wenn er sah, daß sich draußen Chor und Kirchenvorstand formiert hatten und im feierlichen Schritt auf die Kirche zubewegten. Schon draußen begannen sie das Lied zu singen, mit dem bei uns jeder Gottesdienst begann: »Gott ist gegenwärtig«.

Das drang hinten in die Blechkirche ein. Die letzten Reihen standen schon auf und stießen uns in den Rücken. Dieser Stoß pflanzte sich weiter fort nach vorn. Unser Gesang ebbte ab, und dann nahmen wir den Choral von draußen auf und fielen ein.

GOTT IST GEGENWÄRTIG. Das sangen wir ganz getragen.

In mir gab es eine Wandlung. Ich war doch vorher ein ziemlicher Individualist gewesen, wie wir alle in Deutschland, und kroch ganz gerne in mich zurück, wie in ein Bett. Machte fast alles mit mir alleine aus, die Gedanken und

Gefühle. Oder später mit Karin, aber das war eine doppelte Individualität.

Auch mit meinem Glauben war es so gewesen, eine private Sache zwischen meinem Schöpfer und mir. Dann wurde ich Missionar, weil ich davon überzeugt war, was ich glaubte, und meinte, dieser Glaube würde auch anderen guttun.

Doch in der Blechkirche von Takoradi erlebte ich eine andere Dimension. Auf einmal war der Glaube nicht mehr meine Sache. Sie nahmen mich mit, die Menschen, die neben mir sangen, standen, mit mir schwitzten. Die spürten, daß Gott gegenwärtig war, und ich spürte es auch.

Es war aber nicht nur Gefühl, es war mehr. Ich konnte das nicht in Worte fassen. Es war auch anders als meine Gefühle für Karin, und doch erinnerte es mich daran.

Da, in Takoradi, spürte ich, was Jesus einmal so ähnlich seinen Leuten gesagt hatte: »Ich bin bei euch gewesen, und ihr habt mich nicht gesehen oder gespürt.« Nun spürte ich ihn. Auf einmal war mehr da, als ich jemals geahnt hatte.

Ich nahm meine Schwestern und Brüder auf, ich nahm Gott auf. Da war er, in meinen Schwestern und Brüdern, in ihrem Glauben, ihrer Hoffnung, ihrer Liebe und ihrem Gesang. Ich betete mit ihnen an. Ich erlebte meinen Schöpfer, den Sinn, die Weite meines Lebens. Alle diese Menschen waren meine Brüder, würden es immer sein, Gottes Kinder, Gott in ihnen und in mir.

So erlebte ich es jeden Sonntag in der Blechkirche. Es war nicht mehr mein Gott, sondern unser Gott. Da war er, mitten unter uns.

Ich wurde ein afrikanischer Christ, nicht in dem einen Gottesdienst, sondern nach und nach. Nicht mehr grübeln, um das Leben und seinen Sinn. Ich gab mich dem Wissen hin, dem Gefühl, der Erfahrung. Und Karin auch, der es sicher noch schwerer fiel, in ihrer Nüchternheit. Wie alle anderen und mit ihnen sang ich: »Gott ist gegenwärtig, lasset uns anbeten und in Ehrfurcht vor ihn treten.«

Jeder soll die Frohe Botschaft in seiner Muttersprache hören

Nach dem Einzug und dem Lied wurde zunächst einmal kräftig gebetet. Dann trat der Vorarbeiter vom Hafen, unser Kirchenvorstand, ans Pult, las den Text in Ga vor und predigte darüber. In seiner Muttersprache. Natürlich waren die Gas ganz bei der Sache, und wir anderen freuten uns darüber, daß sie, fern von ihrer Heimat bei Accra, auch hier im Westen das Evangelium so hören konnten, daß sie es verstanden. Da wir alle den Text kannten, wußten wir, worum es ging. Und wenn sie lachten, lachten wir alle mit; wenn sie traurig wurden, nickten wir dazu. Wir verstanden natürlich alle, wenn der Name Jesus Christus fiel, und riefen halleluja mit, wenn die Gas es taten.

Dann kamen die anderen Stämme an die Reihe, und zum Schluß predigte meistens unser Pastor in Englisch. Aber in Pidgin, also in der westafrikanischen Version dieser Sprache, die mit sehr wenigen Worten und einer Minimalgrammatik auskommt. In richtigem Englisch heißt zum Beispiel »Ich gehe jetzt und komme gleich wieder«: »I'll go now and return soon.« Auf Pidgin lautet es: »I go come back small, small.«

Keiner stand allein am Pult, wenn er predigte. Er konnte sicher sein, daß wir alle auf ihn hörten und für ihn beteten. Wer ihn nicht verstand, der betete eben für ihn. Gefiel einem ein Gedanke, dann rief er: »Halleluja!« Auch Fragen wurden gestellt. Zum Beispiel, als wir die Hochzeit zu Kana erzählten. Auf dieser Hochzeit hatte unser Herr sechshundert Liter Wasser zu Wein verwandelt. Da fragte ein Bruder: »Du weißt ja, lieber Prediger, wie teuer bei uns das Benzin ist und wie knapp. Meinst du, daß unser Herr aus Wasser auch Benzin machen kann?«

Bei der anschließenden großen Debatte waren wir alle der Meinung, daß das möglich sei. Doch unser Vorarbeiter vom Hafen schränkte ein: »Ich glaube nicht, daß er das machen wird. Den Wein hat er uns zur Freude geschaffen. Benzin ist etwas Künstliches, und das stinkt und macht die Luft kaputt, sagen sie.«

Die Prediger waren keine Theologen, sondern einfache Männer und später auch Frauen. Die legten die Bibelstellen nicht aus, sondern ließen uns an den Geschehnissen teilnehmen. Wenn ein komplizierter Text dran war, dann fragten sie uns alle um unsere Meinung; auch die Umstände mußten ganz genau erklärt werden, und die Personen, die damit zu tun hatten. Das war ganz wichtig.

Die meisten Predigten endeten so: »Du bist ein Mensch, du hast Gott enttäuscht, genauso wie ich. Der hatte mit uns etwas ganz anderes vor, doch wir wollen alles besser wissen. Wir sind nicht besser als die Nichtchristen. Ganz im Gegenteil, wir wissen, daß wir Sünder sind. Wir sind vergängliche Menschen, aber zu uns ist der Heiland gekommen. Der will, daß wir wiedergeboren werden. Daß wir nicht für uns leben, sondern für alle anderen Menschen und für unseren Schöpfer. Du mußt wiedergeboren werden. Amen.«

Jede Predigt durfte nur zehn Minuten dauern, denn sonst kamen wir nicht durch, mit unseren sieben Predigten. Sollte es zum Ende kommen, dann fingen die in der ersten Reihe schon an zu rufen: »War gut, Bruder, amen.«

Hörte der nicht auf diese Warnung, fingen wir an zu klatschen. Dann war die Predigt sowieso zu Ende.

Die Predigten waren immer interessant. Kriegte der Predigende das nicht hin, dann griffen die Hörer ein, fragten und gaben ihre Meinung kund. Trotzdem geschah es, daß einige Leute einschliefen. Sie waren zu ausgehungert und zu müde.

Karin und ich waren die einzigen Weißen in der Kirche. Schon am zweiten Sonntag sagten die Ältesten zu mir: »Karin muß die frohe Botschaft auch in ihrer Muttersprache hören. Du kannst ruhig auf Deutsch predigen, auch wenn wir nichts verstehen. Wir beten dann für dich und für sie.«

Ich fand das rührend, aber dann machte ich den Fehler zu sagen, daß Karin gar keine Deutsche, sondern eine Finnin sei.

»Na, das ist auch nicht schlimm«, meinte der Kirchenvorsteher, »dann predigst du eben auf Finnisch.«

»Aber das kann ich gar nicht«, warf ich ein.

»Was?« wurde ich erstaunt angesehen, »du hast eine Finnin zur Frau und kannst noch nicht einmal 'ich liebe dich' in ihrer Sprache sagen?«

»Doch, doch«, verteidigte ich mich, »das kann ich gerade noch. Aber Karin gehört zu der Schwedisch sprechenden Minderheit in Finnland, und bei ihr zu Hause wurde Schwedisch gesprochen.«

»Das macht uns nichts aus«, meinte der Pastor, »dann predigst du eben auf Schwedisch zu ihr.«

Ich versuchte mich da auch herauszureden, aber es gelang mir nicht. Ich mußte auf Schwedisch predigen, Karin sollte die frohe Botschaft in ihrer Muttersprache hören.

Alle wunderten sich, daß Karin sich immer freute, wenn ich predigte.

»Na ja«, sagte unser Senior, »verständlich, denn sie sind so jung verheiratet, sie lieben sich.«

Aber wenn sie auch bei ganz ernsten Texten plötzlich auflachte und eigentlich nie ernst bei der Sache war, auch wenn der Text das nahelegte, wunderten sie sich.

Das muß schon eine Mischung gewesen sein, die ich da in sogenanntem Schwedisch sprach! Sie bestand aus dem wenigen Schwedisch, das mir bekannt war, mit finnischem Akzent. Den Rest versuchte ich ihr auf Plattdeutsch und im Kohlenpottslang zu sagen. Aber bald wechselte ich ganz ins Deutsche, es merkte keiner, und Karin verstand es. So hörte sie die Botschaft nicht gerade in ihrer Muttersprache, aber in der ihres Mannes. So bekam sie die Liebe und Freude auch mit. Später mußte sie hinters Pult kommen, um mir etwas zu sagen.

Bekanntmachungen

Nicht weiter blättern, liebe Gemeinde, es wird nicht so langweilig wie bei uns. Nach dem Predigen sangen wir erst einmal kräftig unsere Siebentonmusik, in der das Harmonium samt Organist - so ließ er sich gerne nennen - ertrank.

Dann wurde bekanntgegeben. Jeder, der etwas zu sagen hatte, konnte nach vorne kommen oder es einfach von seinem Platz aus erzählen. Um die Aufmerksamkeit seiner Zuhörer zu erringen, rief jeder, ehe er mit seinen Bekanntmachungen begann: »Aiko!«, worauf wir »Jaje« antworteten.

Zunächst einmal kam das Traurige an die Reihe. Der Tod von Gemeindemitgliedern, Verwandten und Bekannten wurde bekanntgegeben. Meistens waren sie schon beerdigt worden, weil das bei unserem Klima sehr schnell geschehen mußte. Doch nach dem »Burial«, der Beerdigung, gab es noch ein »Funeral«, einige Wochen später, bei dem man den Toten oder die Tote feierte. Eigentlich ist das in Ghana die schönste und ergreifendste Feier für einen Menschen. Man denkt an alle seine guten Seiten, es wird für ihn gesungen, gebetet, getanzt, gegessen und getrunken, doch leider ist man als Verstorbener dann nicht mehr dabei.

Nach den Todesfällen kamen die Kranken dran. Ihr Ergehen wurde in allen Einzelheiten bekanntgegeben, damit man gezielt dafür beten konnte. Natürlich nahmen die Angehörigen auch gute Ratschläge mit oder baten um Besuche. Die wurden dann sofort eingeteilt. Oder die Besucher sprachen sich nach der Kirche ab.

Für die Kranken wurden Leute gesucht, die intensiv für sie beteten. »Eigentlich sollte immer einer von uns für den Menschen in Not und Leid beten«, meinte der Vorarbeiter, »damit der weiß: ›Ich bin nicht allein.‹ Das wird uns dann auch guttun, wenn wir mal dran sind.«

Einmal meldete sich ein Schüler: »Am Montag habe ich eine ganz wichtige Mathematikklausur. Ich habe ja zu pauken versucht, aber ich verstehe es einfach nicht. Wer kann mir da helfen?«

Ein älterer Mann meldete sich: »Ich weiß nicht, was Mathematik und Klausur ist. Ich kann weder lesen noch schreiben. Aber ich werde für dich beten. Wann hast du denn das mit der Mathematik genau?«

»Von zehn bis zwölf«, antwortete der Junge.

»Gut«, sagte der alte Mann, »dann werde ich an dich denken und unseren Herrn bitten, daß er dich mit Weisheit füllt.«

Nur wenn Geschäfte verhandelt werden sollten, griff der Kirchenvorstand ein. »Das wollen wir hier nicht«, zürnte dann der Vorarbeiter aus dem Hafen, »sonst kommt Master Jesus noch hierher und treibt uns alle mit der Peitsche aus der Kirche, wie damals die Juden aus dem Tempel.«

Einmal suchte ich nach einer Stelle für einen Jungen, der seinen Vater durch einen Schlangenbiß verloren hatte. Er zeigte sich sehr anstellig bei uns in der Baracke, doch es gab keine Arbeit für ihn. Zuviele Menschen waren in Ghana arbeitslos. In unserer Kirche gab es aber einen Vorarbeiter von der Bahn. Den fragte ich, ob es bei ihm keine Möglichkeiten für den Jungen gebe, der ja auch seine Mutter und sieben Geschwister miternähren mußte.

Der Mann überlegte, und am nächsten Sonntag hatte er etwas gefunden: »Ich habe mit dem Personalchef der Eisenbahn gesprochen. Eigentlich ist keine Stelle frei, doch er kann dem Jungen eine Lehrstelle als Schmied in der Reparaturwerkstatt besorgen. Allerdings mußt du dem Personalchef zwanzig Pfund dafür geben.«

Das war eine hohe Summe damals, und ich fand es auch nicht richtig, daß ein so gut verdienender Mann danach fragte. Ich versuchte meinen Unmut nur indirekt zu zeigen, um die Stelle des Jungen nicht zu gefährden: »Meinst du denn, daß der Junge ganz bestimmt diese Stelle bekommt, wenn ich zahle?«

»Ganz sicher«, antwortete mein Gewährsmann, schon ein wenig beleidigt, »der Personalchef ist doch ›a Christian Gentleman‹!«

Ende der Bekanntmachungen.

Einmarsch der Market Mammies

Schon während der Lieder nach den Bekanntmachungen wurden die Marktfrauen leicht unruhig und zogen sich in den hinteren Teil der Kirche zurück. Dem Pastor und dem Organisten wurden Nachrichten zugewedelt, in Frauenmanier, keiner wußte so recht, was sie bedeuten sollten, und außerdem widersprachen sie sich auch.

Aber dann war es endlich so weit. Der Organist nahm alle seine Kraft zusammen, trat kräftig nach Luft, und wir konnten sogar das Vorspiel zu dem Lieblingshymnus der Marktfrauen erkennen: »Onward, Christian Soldiers ...«, vorwärts, christliche Soldaten.

Mit diesem Schlachtruf marschierten Miss Mercy Mills und ihre Truppe in die Blechkirche ein. Jede von ihnen trug eine große Holzschale wie ein Schild vor sich her. Ihre Gesichter sahen so aus, als wären sie zu allem entschlossen.

Obwohl unsere Bankreihen so dicht hintereinander

standen, daß sich kaum ein normaler Mensch durchschlängeln konnte, drängten sich die Mammies hinein. Mit dem gewinnendsten Lächeln, das sie aufbringen konnten.

Wir sangen nicht nur mit, sondern wir stampften den Rhythmus des Liedes mit unseren Füßen.

Mercy rief von hinten durch die Kirche: »Unser Herr will nicht nur eure Herzen bekehren, sondern auch eure Geldbörsen.«

»Amen«, antworteten wir im Chor.

Die Mammies nahmen sich jeden einzelnen Kirchenbesucher mit ihren Holzschalen vor. Keiner wurde bei uns alleingelassen, auch beim Kollekteneinsammeln nicht.

Ich war sehr verwundert, to say the least, als ich zum ersten Mal diese Kollekteneinsammlung erlebte. Mercy und ihre Genossinnen sahen genau zu, was der einzelne auf ihre flachen Schalen legte. Sie blieben stehen, wenn sie meinten, daß es nicht genug sei, nicht dem entspreche, was der Spender eigentlich geben konnte.

Um uns so richtig in Stimmung zu bringen, stimmten sie nach dem Kriegsgesang der christlichen Soldaten das Lied »Rock my soul in the bossom of Abraham« an. In dieses Lied konnten wir uns so richtig hineinwiegen.

Danach wurden sie wieder ganz massiv, indem sie uns singen ließen: »Nimm mich, Herr, und alles was ich habe . . .«

Dann stand Mercy plötzlich vor mir mit dem großen, offenen Teller. Ich meinte, schon vorgesorgt zu haben, legte einen Schein auf die Schale, wie ich noch nie einen in Deutschland gespendet hatte. Aber trotzdem sah mich Mercy zweifelnd und enttäuscht an.

»Brüderchen«, schmeichelte sie mir und schien Verständnis für mich zu haben. Aber dann: »Hör mal, ich nehme ja nicht an, daß du den lieben Gott und die Armen der Gemeinde beleidigen willst. Sicher hast du dein Portemonnaie vergessen. Ich werde dir einen Schein vorstrecken.«

Dann griff sie in ihren Büstenhalter, wo viele Marktfrauen ihre Scheine verwahren, und legte einen, im doppelten Wert meiner Gabe, auf die Schale.

»So«, belehrte sie mich, »das ist richtig. So was mußt du geben, und noch mehr. Und am nächsten Sonntag gibst du mir wieder meinen Schein zurück.«

Dann zog sie weiter. Mein Nachbar besaß gar kein Geld. Er legte ein paar Maiskolben auf die Schale und bekam einen dankbaren Knicks dafür. Auch die Witwe in der Reihe vor mir, die ein Ei auf den Teller legte. Ihrem Gesicht sah ich an, daß sie es sich vom Mund abgespart hatte.

Mir fiel das Scherflein der Witwe im Tempel ein, und ich kam mir so mies und mickerig neben ihr vor.

Ich dachte auch an Karins Devise, wenn ich darüber klagte, daß wir nicht genug Geld hätten und zuviel ausgeben würden: »Wir haben bisher immer das Geld gehabt, das wir brauchten. Oder nicht? Ich weiß auch nicht, woran es liegt. Dein Gehalt ist nicht üppig, und ich verdiene gar nichts. Aber das ist meine Erfahrung.«

Versteigerungen gab es auch. So wurde ich meinen Hochzeitsanzug los, von dem Karin behauptete, er würde sowieso bei uns im Schrank schimmeln und ich würde ihn nie tragen.

Einmal saß ein Mann neben mir in der Blechkirche, der ein lebendiges Huhn mitgebracht hatte. Unten hatte er der armen Kreatur die Beine zusammengebunden. Nicht gerade der richtige Anblick für den Tierschutzverein. Das Huhn gackerte und entleerte sich dabei. Ich wußte erst nicht, was er mit dem armen Tier in der Kirche wollte. Hatte er Angst, daß man ihm in der Kirchzeit das Huhn aus der Wohnung stehlen würde?

Aber bei der Kollekte wandte er sich an Mercy und bat sie: »Ich habe kein Geld, darum möchte ich das Huhn für die Kollekte versteigern lassen. Du kannst das besser als ich ...«

Ok, Mercy versteigerte das Huhn, und ich kam dran.

Alle steigerten mich hoch, und dann bekam ich das flatternde und keckernde Tier für einen unerhörten Preis zugesprochen.

Karin fuhr mich an: »Was willst du denn damit?«

»Du kannst es uns ja heute braten«, schlug ich vor.

»Lebendig?« fragte sie zurück. »Nein, nein, du hast es ersteigert, du mußt es auch töten, ausnehmen und rupfen.«

Das tat ich dann. Anschließend versuchte Karin das Huhn zum Essen vorzubereiten. Sie versuchte alles. Sie kochte es, sie grillte es, sie briet es. Sie war den ganzen Sonntag damit beschäftigt, und zum Schluß riß ich mir fast die Zähne an dem harten Gummi aus.

Karin meinte: »Nächstes Mal leg das Geld sofort auf die Schale, aber bring nur nicht wieder ein zähes Laufhuhn nach Hause.«

Ergreifend war am Sonntag auch immer die Kollektenübergabe am Altar. Wir standen auf und sangen ein Danklied. Die Marktfrauen, angeführt von Mercy, marschierten feierlich nach vorn.

Ehe sie ihre Schalen auf den Tisch stellten, griff unser Kirchenvorsteher, ohne hinzusehen, in den Berg aus Scheinen und Geldstücken, nahm eine Handvoll heraus und schob es dem Pastor in die Jackentasche. Das war sein Gehalt für die Woche. Keiner wußte, wieviel er bekam. Doch er litt nie Mangel, wie er uns sagte.

Am Schluß verbeugte sich der Pastor vor unserem Herrn und dann vor uns. »Unser guter Herr segne euch, ihr lieben Schwestern und Brüder.«

»Und dich auch«, riefen wir froh.

Mutters Tod

Einer von den jungen Männern, die beim Fußballspiel und den »Massa Jesus Stories« dabei waren, arbeitete gerade als Maurer in der Post, als ein Telegramm für mich ankam. Normalerweise wurde das immer in unser Postfach gesteckt, da in Ghana keine Post ausgetragen wurde, doch als der junge Mann hörte, wie die Postmänner sich an meinem Namen versuchten und am Text des Telegramms, erbot er sich, mir das Telegramm zu überbringen. Er bekam es ausgehändigt und rannte los.

Er wollte mir die gute Nachricht - denn was konnte sonst in einem Telegramm stehen? - so schnell wie möglich zukommen lassen. Schon von weitem schwenkte er das Telegramm und rief: »Fritz, Fritz, hier kommt eine gute Nachricht aus Deutschland.«

Er übergab es mir, und ich las es. Er sah an meinem Gesicht, daß es keine gute Nachricht war.

Ich las es, ich übersetzte es ihm. Meine Schwester telegrafierte: »Mutter heute gestorben.«

»Oh Bruder!« rief er, und die Tränen stürzten ihm aus den Augen.

Ich konnte es nicht fassen, das konnte doch nicht sein. Benommen ging ich zu Karin in die Wohnung, und da saßen wir.

Doch kaum hatten wir angefangen zu denken, ob ich nach Deutschland fliegen sollte und wie, denn das war damals sehr kompliziert, da fuhren draußen mehrere Taxen vor. Der Maurer hatte die »Buschtrommel« mitten in der Stadt in Bewegung gesetzt und unseren Pastor unterrichtet. Der war mit den Taxen, die er finden konnte, bei Gemeindemitgliedern vorbeigefahren und kam nun zu uns.

Uns stand der Sinn nicht nach Besuch. Ich wollte ihnen schon sagen: »Schön, daß ihr gekommen seid, aber laßt uns nun bitte allein.« Aber ich kam nicht dazu.

Draußen formierten sich zehn, zwanzig Leute, und immer mehr Männer und Frauen kamen hinzugeeilt. Dann zogen sie in unsere Baracke ein und sangen: »Gott ist gegenwärtig.«

Langsam, traurig und feierlich zogen sie ein. Sie litten mit. Ich sah es an den Gesichtern. Aber sie brachten auch ihren Glauben und ihre Hoffnung mit. Wir standen auf, Karin und ich. Wir sangen mit, mit Tränen in den Augen, die ich erst zurückhalten wollte, aber dann laufen ließ. Sie weinten auch, die Schwestern und Brüder, die uns trösten wollten. Sie füllten unser Wohnzimmer, sie umringten uns, nahmen uns in die Mitte.

»Wie hieß denn deine Mutter?« fragte Mercy, die direkt vom Fischmarkt gekommen war und noch danach roch.

»Anna«, antwortete ich.

Alle knieten nieder und beteten für Anna in Deutschland, für meine Mutter. In Ga, in Ewe, in Twi, in Englisch, in Grunshie. Ich kniete mich auch nieder und drückte dabei Karin an mich. Wir waren nicht allein. Die Menschen trugen uns mit ihrer Hoffnung. Wie sie unseren Heiland baten, bestürmten, Anna doch in sein ewiges Reich aufzunehmen! Sie beteten für das Seelenheil der Schwester Anna, Fritz' Mutter im fernen, kalten Deutschland. Und um Trost für meine Schwester, deren Namen sie auch in Erfahrung brachten.

Dann setzten wir uns, auf den Boden, auf die Stühle, aufs Sofa. Sie sangen Dankchoräle für das Leben meiner Mutter. Ich mußte ihnen von ihr erzählen, von ihrer schweren Jugend in Masuren, von der weißen Brücke und dem Kruschkenbaum an ihrem Elternhaus, das auch nicht viel mehr war als eine Hütte.

Ich erzählte ihnen von ihrer Stellung beim Rechtsanwalt in Dortmund, und wie sie den Vater auf dem Rübenberg kennengelernt hatte.

Alle lächelten. Von Vaters Verhaftung durch die Nazis

erzählte ich ihnen und von seinem schweren Steinstaubtod, und wie die Mutter immer gesagt hatte: »Ich will jetzt nicht alleine bleiben, ich will zu ihm.«

Dann sangen sie wieder Dankchoräle. Das tat so gut, von der Mutter zu erzählen; es tröstete.

Während ich erzählte und wir beteten und sangen, war Mercy mit einem Taxi noch einmal weggefahren. Bald kam sie beladen wieder zurück. Sie hatte das Abendessen für uns alle eingekauft, und die Frauen machten sich daran, es vorzubereiten.

An alles hatte sie gedacht, sogar an den Holzkohlenofen, den sie im Hof aufstellte. Die Frauen bereiteten Fufu vor und Fisch in Pfeffersoße. Sogar eingelegte Schweinefüße wurden gekocht, weil Mercy wußte, daß ich sie gerne aß.

Bier gab es auch und Palmwein. Wir aßen. Tina bei einer Mammy auf dem Schoß.

Unsere Tochter hatte sich so an die Frauen gewöhnt, daß diese sie auch waschen und ins Bettchen bringen konnten. Karin sollte freihaben, sollte sich um nichts kümmern.

Karin und ich gingen dann ins Bett. Mercy und die anderen Frauen wollten die ganze Nacht über bei uns bleiben, damit wir uns nicht allein fühlten. Als wir im Bett lagen, hörten wir sie leise singen und beten. Die ganze Nacht durch. Wir fühlten uns geborgen, wir waren nicht allein, wir hatten Schwestern und Brüder in Afrika, die nicht nur uns, sondern auch meine Mutter liebten.

Das werde ich nie, nie vergessen.

Die Taufe unserer kleinen Anna

Die ganze Blechkirche jubelte und trommelte, als wir mit unserer gerade zwei Tage alten Tochter Anna in die Kirche kamen. Anna, die wir oft Sya nennen, war unsere zweite Tochter. Jeder wollte sie streicheln, und was sie da an Segen und guten Wünschen abbekam, hätte für ihr ganzes Leben gereicht, wenn wir es hätten konservieren können. Natürlich wollten alle zur Taufe kommen. Karin, die Nüchterne von uns beiden, seufzte: »Das wird uns ein Vermögen kosten.«

Doch die Fischer beruhigten sie: »Wir werden dir deine Badewanne voll mit Fischen kippen.« Ein Palmweinzapfer versprach: »Ich bringe ein ganzes Faß mit.«

Am Sonntagmorgen war die Blechkirche schon voll gestopft, als wir sie erreichten. Wir konnten uns nur noch in die letzte Bankreihe zwängen. Schon lange hatte der Gesang angefangen, und in den verschiedenen improvisierten Liedern kam immer wieder der Name Anna vor. Sie beteten für unsere Kleine, das machte uns glücklich.

Dann zog der Kirchenvorstand samt offiziellem Chor ein. Wir standen alle auf und sangen mit Inbrunst: »Gott ist gegenwärtig...« Auch unsere Bekannten aus Accra, die wir eingeladen hatten.

Gepredigt wurde über: »Lasset die Kindlein zu mir kommen und wehret ihnen nicht.« Das war sowieso klar in der Blechkirche, Kinder gab es dort überall, und alle musterten die kleine, hellblonde Anna. Alle wollten ihre weiße Haut einmal anfassen; sie taten es so vorsichtig, als ob Anna etwas ganz Zerbrechliches wäre.

Zur Taufe wurden wir nicht nach vorne gerufen, sondern der Pastor und die Ältesten kamen zu uns nach hinten. Eine Marktfrau trug die Waschschüssel mit dem Taufwasser auf dem Kopf hinterher. Sie fühlte mit den Fingern hinein, ob es auch nicht zu kalt war. Dann blieb die Prozession vor uns stehen und sah sich Anna in aller Ruhe erst einmal an.

Unsere Gäste verhielten sich zunächst abwartend. Wir hatten auch die eingeladen, für die Kirche eine unbekannte Größe geworden war. Unter ihnen gab es eine Journalistin, die in Afrika feststellen wollte, was die Kolonialisten alles falsch gemacht hatten und wie die Gelder der Entwicklungshilfe verschwendet wurden.

Sehr kritisch saß sie neben Karin, sehr hübsch und kühl. Doch als sie die freundlichen Blicke des Kirchenvorstands auf unserer kleinen Anna ruhen sah, mußte sie wehmütig lächeln. So ein Kindchen, das fehlte der emanzipierten und selbstbewußten Dame doch.

Wir vier fühlten uns so richtig wie eine Familie an jenem Morgen, Karin, Tina, die schon zwei Jahre alt war, und ich, und Anna sicher auch. Ich drückte sie alle fest an mich.

Kwesi, unser Pastor, kratzte sich nachdenklich unter seinen Kräuselhaaren und hub dann an, als ob er bei uns im Wohnzimmer sitzen würde: »Meine liebe Karin, lieber Fritz, unser Schöpfer hat euch ein wunderbares, kleines Stückchen neues Leben geschenkt. Ich habe mich darüber gefreut, daß sie Anna heißt, wie Fritz' Mutter. Nun lebt die Erinnerung an sie mit dieser kleinen Anna unter euch weiter. Fritz, du hast mir mal erzählt, daß dein Vater deiner Mutter immer ein Lied sang, wenn er sie besonders mochte. Ich habe nur die Melodie behalten, nicht euern schwierigen Text. Das Lied mußt du uns übersetzen und dann vorsingen. Die Melodie singe ich mit, und die anderen auch.«

Was konnte ich dagegen machen? Ich bin kein guter Sänger, aber es fällt mir leicht, laut zu singen. Ich sagte ihnen den Text vor und übersetzte ihn für meine Freunde: »Ännchen von Tharau...«

Dann sang ich das Lied für meine Mutter und die kleine

Anna, und bald fielen alle ein und summten die Melodie mit. Es ging uns allen nahe. Wir gehörten zu diesen Menschen, und meine Gäste aus Accra fühlten das auch. Obwohl es einigen doch unbehaglich war, so in Tuchfühlung und schwitzend bei den Fremden. Auch blieb ihnen nichts anderes übrig, als mitzusingen, weil ihre Nachbarn ihr Schweigen nicht verstanden hätten.

Dann begann Kwesi mit seiner Ansprache: »Karin und Fritz, wir haben gerade das Lieblingslied unserer Geschwister Anna und Hermann gesungen, die beide leider schon nicht mehr bei uns sind. Aber vielleicht freuen sie sich im Himmel über diese Taufe und sehen zu.

So wie Fritz aus der Liebe seiner Eltern entstanden ist, und du, Karin, aus der deiner Eltern, so hat eure Liebe diese kleine Anna in die Welt gebracht.

Nicht durch Nehmen entsteht neues Leben, sondern durch Geben, durch Liebe. Damit folgen wir auch dem schönsten und höchsten Gebot, das unser Schöpfer uns gegeben hat: Liebe Gott von ganzem Herzen, und deinen Nächsten wie dich selbst.

Herrlich ist es, wenn neues Leben entsteht, doch leider wissen wir auch, daß dieses Leben einmal vergehen wird. Sicher wollen wir bei der Taufe des kleinen Würmchens nicht lange vom Tod reden, der kommt schon auf jeden Fall und immer zu früh, wie man denkt; aber wir kommen doch nicht darum herum, daß dieses Leben, jedes Leben, einmal ein Ende hat. Ihr habt eure Anna zur Taufe gebracht, weil ihr nicht möge, daß mit diesem Erdenleben und dem Tod für sie alles vorbei ist. Ihr möchtet, daß sie ewig lebt, daß sie nie vergeht, wie die Liebe nie vergehen möge. Ihr wollt sie nach eurem Glauben und eurer Hoffnung taufen lassen, damit es für sie auch ein ewiges, unvergängliches Leben gibt.

So etwas können wir uns nicht vorstellen, ich auch nicht. Aber darauf hoffen wir. Deshalb kommen wir heute hier zusammen, für Anna, für ihr und unser ewiges Leben.

Dieses Leben kann sie nur bekommen, indem sie wiedergeboren wird, indem sie über ihr vergängliches Leben hinauskommt.

Der alte und weise Professor Nikodemus ist in der Nacht zu Master Jesus gekommen und hat ihm Komplimente gemacht, wollte mit ihm theologisch diskutieren, doch da fuhr der Heiland ihm dazwischen und sagte ihm, daß keiner das Himmelreich erreichen kann, der nicht wiedergeboren ist.

So ist es, liebe Leute. Wir müssen wiedergeboren werden. Wir alle. Das ist aber nichts Mystisches und hat auch nichts mit Juju zu tun. Wiedergeboren sein heißt ganz einfach, daß wir wissen, wir sind Gottes Kinder. Wir haben einen Vater, einen Heiland, der uns an die Hand nimmt und durch das Leben und in das ewige Leben führt.

Ihr wollt die kleine Anna taufen lassen. Ihr wollt, daß sie später einmal ein Ja zu dieser Taufe sagt und wiedergeboren wird. Dabei könnt ihr ihr aber nur helfen, wenn ihr selbst wiedergeboren seid. Darum muß ich euch Paten und Eltern fragen, ehe ich euch als Taufpaten zulassen kann: Seid ihr wiedergeboren?«

Er gab uns einige Zeit zum Nachdenken. Die Gemeinde betete für die Paten. Dann fragte er uns einzeln: »Bist du wiedergeboren?« Worauf wir mit Ja antworteten.

Dann nahm Esther, die Taufpatin, unser Kind, und der Pastor taufte Anna. Er faßte tief in die Schüssel hinein und taufte unsere Anna so, daß nicht nur sie naß wurde, sondern auch die ganze Nachbarschaft und besonders die Eltern und Paten.

Alle lachten und freuten sich, als wir naß da standen. Doch wir würden diese Taufe lange nicht vergessen.

Dann nahm der Pastor unsere kleine Anna in die Arme und hielt sie hoch: »Das ist unsere, das ist eure kleine Anna. Sie gehört nun zu uns. Sie ist unser Kind. Wir haben sie lieb, wie unser eigenes Kind. Sie soll das immer wissen: Sie hat auch Eltern und Geschwister in Afrika und überall, wo Gottes Kinder sind. Wir sind nun auch für sie und ihren Glauben und ihr Leben verantwortlich. Das ist schön, aber das ist auch schwer.«

Er schritt mit unserem Kind durch die Kirche. Die Marktfrauen und die Mütter stimmten ihr Lieblingslied an, ein altes Negro Spiritual: »Rock my soul in the bossom of Abraham«. Wiege meine Seele in Abrahams Schoß.

Sie wiegten sich alle mit. Sie klatschten, sie summten, sie sangen. Die Kirche rockte, wie wir heute sagen würden. Und die Journalistin rockte mit. Sie rief uns zu: »Ich habe heute einen neuen Sinn in meinem Leben gefunden. Ich glaube, ich bin wiedergeboren worden.«

Dann feierten wir, wie bei der Hochzeit zu Kana. Aber am Schluß gab es doch nichts mehr zu essen und zu trinken. Jeder wollte noch einmal die kleine Anna sehen, aber dann zogen alle froh nach Hause. Karin und ich schliefen ein, mit unseren beiden Kindern mitten zwischen uns.

Warum unsere Finger drei Glieder haben oder die Theologie der Blechkirche

Unsere Kirche war auch eine missionarische Bewegung; wir versteckten uns nicht hinter den Blechplatten, sondern gingen hinaus. Mission wurde von Afrikanern anders betrieben als von manchen Europäern. Sie ging nicht davon aus, daß wir etwas Besseres waren. Die Missionare fühlten sich nicht als Jäger, die einen Blattschuß anbringen wollten, sondern eher als Fischer, die ihre Netze weit auslegten und sich Zeit nehmen mußten.

Sie versuchten keinen zu überreden, sie teilten einfach das mit, was ihnen selbst soviel Freude machte. Den Christen sah man an, daß sie erlöst waren. Es waren fröhliche Menschen, die gerne lachten. Dadurch fielen sie auf.

Einer unserer rührigsten Missionare war Pa Kofie. Er arbeitete als Schuster am Straßenrand. Dort saß er im Schatten eines Mangobaumes, hämmerte und schnitt aus alten Schuhresten wieder neue zusammen und reparierte alles, was man ihm reichte. Neben ihm lag seine zerlesene Bibel. Wann immer er Zeit hatte, las er darin. Er ähnelte dem ehemaligen Präsidenten Tanzanias, Mwalimu Nyerere. Er hatte ein gütiges, kluges Gesicht, und ein kleines Bärtchen kräuselte sich über seiner Oberlippe.

Ich hockte mich oft zu ihm, und er legte mir die Heilige Schrift aus. Dabei reparierte er alle unsere Familienschuhe, auch wenn die Reparaturen eigentlich noch nicht notwendig waren. Er lächelte dann wissend und dankbar. Doch für mich waren diese Stunden bei ihm viel mehr wert als das Geld, das ich für die Reparaturen bezahlte.

Pa Kofie konnte sich unglaublich in das Leben Jesu hineinversetzen. Er ließ die ganze Zeit und das Leben neu für mich erstehen. Und wenn er dann seine Gedanken zusammenfaßte, entwickelte er keine Theorie, sondern ein Bild, das sich bei mir tief einprägte.

Viele Leute kamen zu ihm, hockten sich in den Schatten des Baumes und fragten ihn. Von ihnen hatte er seinen Ehrentitel bekommen, nicht Vater, sondern Papa Kofie, das war familiärer, wärmer.

Pa Kofie hatte viele Freunde in der Stadt. Einer von ihnen war der Vorbeter der moslemischen Moschee. Eines Abends begleitete ich Pa Kofie, als er den Imam, also den Vorbeter, aufsuchte. Der freute sich über den Besuch, ließ uns Wasser bringen, damit wir uns reinigen konnten. Dann bekamen wir mehrere Täßchen mit starkem Kaffee zu trinken.

Ehe wir zur Unterhaltung kamen, erkundigten wir uns gegenseitig nach unseren Frauen und Kindern. Beim

Scheich dauerte es, weil er nicht nur vier Frauen, sondern einundzwanzig Kinder besaß. Über jedes einzelne mußten Erkundigungen eingezogen werden. Er wurde richtig erbost, als ich nach seiner fünften Frau fragte: »Weißt du denn nicht, daß der Prophet nur vier zuläßt?«

Enttäuscht war er allerdings, als ich nicht mehr als eine Frau vorweisen konnte. Er lächelte, als ich sagte: »Ich werde doch mit der einen kaum fertig.«

Doch dann kamen die beiden weisen Männer sehr schnell auf Glaubensfragen zu sprechen, der Hauptinhalt ihres Lebens.

»Pa Kofie«, sprach der Imam ihn an, »ich verstehe das nicht in eurem Glauben. Ihr behauptet, ihr hättet einen Gott wie wir, aber dann sind es doch drei: Gottvater, Gottsohn, Gottheiligergeist. Ist das nicht die im Alten Testament verbotene Vielgötterei? Ist es nicht Gotteslästerung? Ist es nicht eine Erniedrigung Gottes, wenn er zu einem Menschen wird und sich kreuzigen läßt?«

Pa Kofie lächelte und gab zu: »Ja, es ist etwas verwirrend, auf den ersten Blick. Und mit menschlichen Gedanken kann man es auch nicht fassen. Ich werde versuchen, es dir mit einem Bild zu erklären.«

Der Vorbeter nickte, das gefiel ihm, er war interessiert, aber auch skeptisch.

Pa Kofie begann: »Wir drei hier in deiner Hütte, wir sind Menschen. Neben vielen anderen Gründen sind wir auch darum Menschen, weil wir aus drei Teilen bestehen, aus unseren Gliedern, dem Rumpf und dem Kopf. Wenn wir nicht aus drei Teilen bestehen würden, sondern nur aus einem, dann wären wir nur wie Bäume, die an einer Stelle stehen müßten, die nicht denken und nicht greifen könnten. Was uns Menschen ausmacht, sind die drei Teile, der Kopf, die Glieder und der Rumpf.«

Der Scheich unterbrach ihn: »Ich weiß schon, worauf du hinauswillst. Aber so einfach mache ich dir das nicht.«

Pa Kofie nickte und bat: »Aber laß mich bitte weiter erzählen. Diese Dreiheit unseres menschlichen Wesens läßt sich noch verkleinern, an anderen Stellen unseres Körpers ablesen. Sieh dir nur einmal deinen Zeigefinger an. Der besteht auch aus drei Teilen.« Pa Kofie streckte seinen Zeigefinger aus und bewegte die drei Teile. Dann fuhr er fort: »Wenn unser Zeigefinger nicht aus drei Teilen bestehen würde, dann wäre er nicht viel mehr wert als ein starres und steifes Stück Holz. Dann könnten wir damit nichts fassen, nichts schreiben.

Dadurch, daß der Zeigefinger aus drei Teilen besteht, wird er erst funktionsfähig. Seitdem kann man was mit ihm anfassen. Du kannst also sagen, ein Mensch wird dadurch ein Mensch, daß er nicht aus einem, sondern aus drei Teilen besteht. Dadurch kann er auch mit anderen Menschen in Verbindung treten. Er kann sie besuchen, er kann mit ihnen sprechen, er kann mit ihnen arbeiten. Und jetzt mußt du einen Sprung machen, der dir aber sicher nicht schwerfallen wird.

Ihr Moslems und wir Christen glauben alle an den Gott, der im Anfang Himmel und Erde geschaffen hat, wie es bei Mose beschrieben steht. Der eine Gott, der gewaltige Gott, der unnahbare Gott. Da habt ihr recht, der ist unerreichbar für unseren Verstand, der kann nur angebetet werden. Wir Christen glauben, daß es bei Gott auch drei Teile gibt.

Gott hat den Menschen zu seinem Ebenbild geschaffen. Ich weiß nicht, wie Gott ist, und du auch nicht. Kein Mensch hat ihn je gesehen, doch er hat uns zu seinem Bilde geschaffen, aus drei Teilen.

Dieser Gott hat uns geschaffen, weil er Freude an uns hatte. Er hat uns viele Möglichkeiten gegeben, er hat von uns viel erwartet. Er hat sich so an uns gefreut, wie wir uns an unseren Kindern freuen. Und dann fingen wir an, unseren Weg zu gehen, in all der Freiheit, die er uns geschenkt hat. Doch dieser Weg verlief ganz anders, als er es erwartet hatte.

Kaum hatte er die Menschen geschaffen, da verführte schon die Schlange Adam und Eva, und aus ihrer Liebe entstanden nicht nur zwei Menschen, sondern Kain schlug Abel tot.

Die Menschen, denen er alle Freiheiten gegeben hatte, wurden nicht so, wie der Schöpfergott es erwartet hatte. Er versuchte sie dann zu erziehen. Durch Engel, durch die Gesetze, die er Mose offenbarte. Doch die Menschen hörten nicht auf ihn. Er schickte ihnen Propheten, aber die waren vergeblich Prediger in der Wüste.

Gott begriff uns Menschen nicht mehr. Da kam er selbst auf die Erde. Er wurde Mensch, ein ganz normaler Mensch. Maria suchte er sich als Mutter für seinen Sohn aus. Dreißig Jahre war er als Schreiner tätig, er lebte als ein normaler Mensch. Und er starb wie ein normaler Mensch. Seine Worte am Kreuz waren: ›Mein Gott, mein Gott, warum hast du mich verlassen?‹ Früher haben mich diese Worte irritiert. Ich liebte die anderen Worte: ›Es ist vollbracht.‹ Doch nun bin ich dankbar dafür, daß unser Herr und Gott wie ein Mensch gestorben ist. Er ist Mensch geworden, um uns besser zu verstehen, um uns retten zu können. Das ist der zweite Teil seines Wesens; neben dem Schöpfergott der mitleidende, der rettende Gott, der uns Menschenbruder wird. Sehet, welch ein Mensch, sagte Pilatus.

Dann ist unser Herr Jesus gestorben und auferstanden. Doch er hat uns einen Tröster hier auf der Erde gelassen, den Heiligen Geist. Der ist immer bei uns. Der spricht in unserem Gewissen zu uns, durch den Nächsten und durch die Heilige Schrift.

Wieder die drei Teile, nicht nur in unserem Finger. Als einer unseren Herrn fragt: ›Was ist das höchste und vornehmste Gebot?‹, da gibt er zur Antwort: ›Du sollst Gott lieben und deinen Nächsten wie dich selbst.‹

Wieder drei. Unser Gott ist nicht für sich. Er erniedrigt sich zu uns Menschen herab. Er will unsere Liebe nicht nur für sich, er teilt sie mit unserem Nächsten und mit uns. Wir sollen uns nicht hassen und ihn lieben - wir sollen uns auch lieben. Und wer den Nächsten nicht liebt, der kann Gott auch nicht lieben.

So ist unser Gott, er teilt sich uns mit, er teilt mit uns. Wir werden zum Teil seines Körpers, seines Reiches, seiner Kirche durch den Heiligen Geist.

Wir sind ein Teil seines Fingers. Vielleicht ein ganz kleines Teilchen des kleinsten Gliedes seines kleinsten Fingers. Durch uns will er unseren Nächsten trösten, ihm helfen, ihm beistehen.

Wir haben nur einen Gott, doch wir verstehen ihn, weil er uns zuerst verstanden hat. Gott ist ein dreieiniger Gott, weil er uns helfen will, weil er uns liebt, weil er möchte, daß wir so werden wie er. Er möchte uns zu neuen Menschen machen, die nicht mehr so sind wie Kain und die Kainssöhne.«

Der Imam sah seinen Zeigefinger an, dachte nach. Wir verabschiedeten uns.

Zu uns stieg ein toter Mann ins Auto

Ofoe war zweiter Lehrer an unserer Blechschule. Doch dann bildete er sich weiter und wurde als Dozent auf der Universität in Accra tätig. Karin und ich hielten guten Kontakt mit ihm und seiner Frau Esther, auch als sie nach Accra umzogen. Sie schliefen bei uns, wenn sie nach Takoradi kamen, und wir bei ihnen, wenn Karin in Accra einkaufen mußte. Wir machten dann ein verlängertes Wochenende aus diesen Besuchen.

An einem dieser Tage mußte Ofoe zu seinen Eltern fahren. Ich fragte ihn, ob er mich mitnehmen würde, was er gerne tat.

Seine Eltern wohnten in der Nähe des Volta, einem großen Fluß östlich von Accra. Wir wechselten uns beim Fahren ab. Es war glühend heiß in der Gaebene. Die Erde und das Elefantengras waren von der Sonne verbrannt.

Sehr früh am Morgen fuhren wir los. Ofoe war gegen Mittag mit dem Palaver fertig. Wir luden Cassavawurzeln, Maiskolben und Orangen für unsere Familien in den Wagen und machten uns auf den Rückweg. Ofoe hatte den ganzen Morgen geredet und zugehört. Er war müde und wollte schlafen; ich sollte fahren.

Also setzte ich mich hinters Steuer. Es war heiß im Wagen. Der Schweiß strömte an uns herab. Aber wir konnten die Scheiben nicht herunterdrehen, weil der heiße Fahrtwind uns die Haut noch stärker verbrannt hätte. Eine fast schnurgerade Straße zog sich vom Volta durch die flache Savanne nach Accra, der Hauptstadt. Sie war geteert. Der Teer löste sich an den Seiten schon auf. Kein Mensch auf der Straße, kein Fahrzeug. In dieser Mittagsglut war niemand mehr unterwegs. Ich beeilte mich, fuhr den Motor voll aus, wollte schnell nach Accra kommen, hoffte, daß Esther Bier in den Kühlschrank gestellt hatte.

Ofoe konnte nicht einschlafen. Er ächzte unter der Hitze und starrte nach vorn.

Da sah ich plötzlich einen einzelnen Mann auf der Straße. Ganz grau war er, das fiel sofort auf. Nicht braun wie die Menschen, die vom Staub der Savanne gepudert werden. Er trug nur das Nötigste am Körper, dieser Mann, eine kurze Hose, ein zerfleddertes Hemd. Steil und aufrecht ging er und sah kühl aus, als ob ihm die Sonne und die Hitze nichts ausmachten. Sein Gang sah fast so aus, als schwebte er. Ich dachte schon, ich würde spinnen, doch da sah ihn Ofoe auch. Als wir dichter herangekommen waren, starrte Ofoe ihn plötzlich an und rief: »Halt an, den kenne ich!«

Ich bremste scharf ab, hielt einige Meter vor dem Mann.

Ofoe stieß die Tür auf: »Komla!« rief er, und dann etwas in seiner Muttersprache, die ich nicht verstand. Es war eine Einladung, mitzufahren, denn Ofoe klinkte die Hintertür seines Wagens auf, und der Mann stieg ein.

Ganz langsam, ganz würdig. Zwar schlug zunächst Hitze in den Wagen herein, als Ofoe die Tür öffnete, aber dann drang Kühle, fast Kälte mit dem Mann zu uns. Als ob sich ein Kühlschrank, eine Gruft geöffnet hätte.

Ich fuhr wieder an. Ofoe drehte sich zu dem Mann um und redete mit ihm. Er freute sich, ihn zu sehen, und informierte mich kurz: »Das ist ein Schulkamerad von mir, aus unserem Dorf. Esther kennt ihn auch, seine Eltern hatten eine Hütte neben der ihrer Eltern. Ich habe ihn seit der Schulzeit kaum noch gesehen. Wir waren ganz gute Freunde.«

Ofoe redete; er versuchte, den Mann auszufragen, doch der antwortete kaum, nur in kurzen Worten oder abwehrendem, Abstand haltendem Brummen.

Plötzlich verlangte der Mitfahrende etwas. Ich ahnte es, Ofoe übersetzte schnell: »Er will aussteigen.«

Ofoe redete auf ihn ein; sicher wollte er ihn bis zum nächsten Ort mitnehmen. Doch der Mann wollte mitten in der Savanne aussteigen.

Ich hielt. Der Mann stieg aus. Ofoe wollte ihm noch die Hand reichen, doch da war der Mann schon draußen. Ich fuhr an, aber als ich in den Rückspiegel sah, war der Mann nicht mehr da. Erschrocken rief ich: »Er ist nicht mehr da.«

Ofoe fuhr herum, der Mann war verschwunden.

»Er war sowieso komisch«, meinte Ofoe, »das war so eine Familie, die viel mit Juju zu tun hatte. Die ließen sich zuviel damit ein. Aber er hätte mir doch wenigstens die Hand geben können.«

Ich fuhr schnell nach Accra. Mir war die ganze Sache unbehaglich; ich wußte aber nicht warum. In der Savanne gibt es keine Verstecke. Da kann ein Mensch nicht einfach verschwinden. Ofoe war auch unruhig.

»Komisch war der«, sagte er immer wieder.

»Ich freue mich schon auf das Bier«, versuchte ich unsere Gedanken nach vorne zu lenken.

Ofoe nickte zustimmend, aber ich sah, daß er sich über die Begegnung mit diesem eigenartigen Mann Gedanken machte.

Als wir seinen Bungalow erreichten, war das erste, was er Esther erzählte: »Ich hab Komla gesehen, meinen Klassenkameraden, weißt du, den Sohn von Dugbateys, euren Nachbarn.«

Esther sah erstaunt auf und antwortete: »Den kannst du nicht gesehen haben, der ist schon seit Jahren tot. Er starb, als du in England warst. Ich war bei der Beerdigung.«

»Das ist nicht möglich, ich habe ihn gesehen und mit ihm gesprochen, wir haben ihn im Wagen mitgenommen!« rief Ofoe erregt und erzählte Esther die ganze Geschichte.

Doch sie blieb dabei. Sie hatte den toten Komla gesehen und war bei der Beerdigung dabeigewesen. Keiner wußte, woran er so plötzlich gestorben war. Seine Eltern redeten auch nicht darüber, doch jeder im Ort wußte, daß sich die Familie schon immer mit Juju, mit Geisterbeschwörungen, beschäftigte.

Esther konnte es nicht glauben, daß wir den Toten gesehen hatten, und Ofoe nicht, daß er im Grab lag. Wir fuhren zu Esthers und Ofoes Heimatort. Fragten ihre und seine Eltern. Suchten die Stelle auf, wo Komla begraben worden war.

Einen Hügel gab es dort nicht mehr. Wir sprachen mit anderen Leuten im Ort, die sich nicht darüber wunderten, daß wir den Toten gesehen hatten.

»Wir fürchten uns vor ihm«, sagten sie, »er kommt nachts auch in unser Dorf. Darum verriegeln wir unsere Türen ganz besonders stark.«

»Ich kann das nicht verstehen«, sagte Ofoe, »und ich will auch nicht an solches Zeug glauben, aber wir beide haben einen Toten gesehen.«

Geisteraustreibung

Zu uns in die »Massa Jesus Stories«-Baracke kamen immer sehr viele Schüler und Schülerinnen. Bis um halb fünf am Nachmittag hielt sie der Schulbetrieb fest, dann mußten sie zu Hause helfen. Wenn es um sechs Uhr plötzlich dunkel wurde, versuchten sie bei uns in Ruhe ihre Hausaufgaben zu erledigen. In ihren Hütten ging das schlecht, dort war es dunkel, und es drängten sich auch zuviele Menschen zusammen.

Viele setzten sich unter die wenigen Straßenlaternen, die noch brannten, aber auch dort konnten sie sich nur schlecht konzentrieren. Zuviele Menschen waren unterwegs, die Mammylorries veranstalteten viel Krach um Passagiere, die sie mitnehmen wollten. Sie fuhren auch ganz dicht an den Straßenrand heran.

Außerdem tummelten sich im Lichtschein der Laternen Geschwader von Moskitos und anderen Insekten, die jeden Menschen angriffen, ihm Blut aussaugten oder ihre Eier in den Körper legten.

Deshalb boten wir unsere Halle für die Schularbeiten an, hingen Neonröhren auf, so daß jeder genügend Licht bekam. Am Abend war dann die Halle immer gestopft voll.

Viele, die sonst keine Unterkunft in der Stadt fanden, schliefen später auch auf dem harten Boden. Ich brachte es nicht übers Herz, die Jugendlichen dort hinauszutreiben.

Auch unser Wohnzimmer wurde immer wieder von Schülern belagert. Wenn wir aber sagten, daß wir auch mal ein bißchen Ruhe brauchten, verschwanden sie.

Einer von ihnen hieß Samy. Er war ein kluger Junge, der fürs Gymnasium ein Stipendium bekommen hatte, wegen seiner ausgezeichneten Zeugnisse. Er strengte sich an und wollte später einmal Ingenieur werden und Prediger.

Sein Vater war immer unterwegs, meistens in der Gegend um Tarkwa, nordwestlich von Takoradi, im Busch, wo er in den Bächen und Flüssen nach Gold suchte. Vor Jahrzehnten hatte da einmal einer Gold gefunden, aber noch jetzt gruben und siebten viele Männer und Frauen dort und hofften auf einen großen, goldenen Klumpen.

Samys Mutter backte Plantain, eine Bitterbanane, verkaufte sie am Straßenrand und brachte so ihre achtköpfige Familie mehr schlecht als recht durch. Sie wohnten in Sekondi, einem Teil von Takoradi. Jeden Morgen und Abend nahm Samy den langen Weg zur Schule und zurück unter die Füße.

Samy kam oft zu uns und sprach mit Karin und mit mir durch, was ihn bewegte. Er hütete auch unsere Kinder, wenn wir mal weggehen wollten. Verließen wir Takoradi, schlief er in unserer Wohnung und bewachte sie vor Dieben. Dadurch verdiente er sich einen Teil seines Schulgeldes.

Eines Abends, nach einem heißen, anstrengenden Tag, saßen wir hinter der Baracke, ruhten uns aus und sahen zu, wie die Kinder spielten. Sonnenuntergang in Takoradi. Noch einmal leuchtete die Sonne in grellen Farben auf. Es wurde etwas kühler, oder wir bildeten es uns ein, was aber auch half. In unserer Nachbarschaft dröhnten die Radios »Highlife«, den ghanaischen Volkstanz. Kinder schrien und plärrten. Zwischendurch mal eine erwachsene Stimme, die Ruhe forderte, sich aber nicht durchsetzen konnte. Ein Auto, überladen, stöhnte die steile Straße vom Hafen hoch. Unten in der Stadt brodelte es von Menschenstimmen. In der Nachbarschaft wurde eine Sickergrube geleert, es stank entsetzlich bis zu uns herüber. Moskitos surrten auf, ich spritzte einen Schleier von Insektenvertilgungsmittel um uns herum.

Da kam plötzlich Samy um das Haus herumgelaufen. So eilig hatten wir ihn noch nie erlebt. Meistens schlurfte er durch seine Tage, unterernährt, müde, überarbeitet. Wenn er sonst bei uns erschien, blieb er immer ein paar

Schritte vor uns stehen und wartete, bis wir ihn baten, näherzutreten. So gebot es die Sitte hier. Doch nun kam er bis zu uns gerannt und grüßte uns noch nicht einmal.

Dann blieb er stehen, drückte sich gegen die Wand unserer Baracke, starrte auf die Ecke, um die er gerade gelaufen war, und zwar so, als ob da gleich einer hervorstürzen würde. Er stand da, außer Atem, mit weit aufgerissenen Augen, aus denen die Angst heraussprang. Einige Leute mußten hinter ihm her sein, er war doch sonst kein ängstlicher Mensch und hatte schon etliche Einbrecher verjagt, die in unsere Wohnung wollten. Wir kannten Samy nur ruhig, mit großen, freundlichen Augen. Doch nun zitterte er vor Angst, und die Augen flackerten.

Ich sprang auf. »Samy, was ist passiert?« rief ich und eilte an die Ecke, weil ich dort seine Verfolger erwartete. Doch da war nichts zu sehen.

Samy konnte noch nicht antworten. Er keuchte, so abgehetzt war er. Es dauerte eine Zeit, ehe er etwas herausbekam.

»Spürst du es nicht?« fragte er dann.

Wir sahen uns an, Karin und ich, wir versuchten etwas aufzuspüren, doch wir merkten nichts. Ich strengte mich an, aber wie konnte man etwas spüren, wenn man nicht wußte, was?

Dann suchte ich nach einem Knüppel. Die Gefahr mußte doch um die Ecke kommen. Aber Samy schüttelte den Kopf, als ich dort Position beziehen wollte.

»Was ist denn los?« fragte ich.

Ich vergewisserte mich auch, daß wir im Notfall nicht allein waren. Mädchen spielten Netzball im Hof, Jungen bolzten ihren Fußball in Rufweite auf unserem Platz. Nachbarn gab es überall.

Da endlich konnte Samy reden. Er stieß heraus: »Sie machen einen Juju gegen mich. Ich spüre es. Ich weiß aber nicht wo. Sie haben es schon meiner Mutter angedroht, daß sie was gegen mich unternehmen wollen. Die mögen es nicht, die Weiber in unserer Nachbarschaft, daß ich zur Schule gehe und da auch weiter komme. Sie hassen uns. Sie sind neidisch. Es ist schlimm. Sie mögen es auch nicht, daß meine Mutter gut verkaufen kann.«

Ich begriff nicht. Sicher hatte ich von Juju gehört, von Zaubereien, vor denen sich die Menschen fürchteten, und von Jujumännern, die nicht nur Hokuspokus betrieben, sondern auch Gewalt über Menschen hatten. Ich wußte, daß die bekannte Fußballmannschaft der Stadt nie ohne eine Jujubeschwörung auf den Platz lief. Aber daß so ein kluger und gebildeter Junge davon betroffen sein konnte, das hatte ich nicht geahnt.

Erst dachte ich, er würde es sich einbilden. Karin meinte, es sei vielleicht eine Nervenkrise, die nun zum Ausbruch kam.

Doch Samy wurde geschüttelt. Er sah schlimm aus. Ich fürchtete auch, daß er sich etwas antun könnte.

»Willst du hier bleiben, bis alles vorbei ist?« fragte ich ihn. »Ich halte es nicht aus«, antwortete er.

»Was kann ich tun?« fragte ich.

»Nichts«, stöhnte er verzweifelt, »du kennst den Juju nicht. Du spürst ja nichts.«

Ich kam mir so hilflos vor, neben diesem gehetzten und aufgewühlten Jungen. »Ich muß etwas tun, ich kann das nicht mehr mit ansehen.«

»Hol den Pastor und noch andere«, bat er.

Das tat ich. Ich packte Samy in meinen Bully und raste zur Blechkirche hinunter. Der Pastor stand gerade hinter einem Blechverschlag, hatte sich eingeseift und war dabei, sich mehrere Eimer Wasser, die seine Töchter herantrugen, über den Körper zu schütten. Samy hatte sich etwas beruhigt, er schien sich von dem Juju entfernt zu haben. Doch er zitterte noch immer.

Ich brauchte unserem Pastor nicht viel zu erklären.

Schon nach den ersten Sätzen wußte er Bescheid: »Dieser schlimme Juju! Und die Leute glauben daran, darum macht er sie kaputt.«

Er trocknete sich ab, rannte ins Haus, zog seinen schwarzen Anzug an und den Talar darüber. Unsere große Altarbibel hatte er unter seinen Arm geklemmt. Als wir anfuhren, rief er: »Wir müssen noch ein paar Älteste mitnehmen, je mehr wir sind, desto besser.«

Die kamen auch sofort mit; wir brauchten ihnen nicht viel zu erzählen. Kaum saßen sie im Bus, da stimmten sie schon Kirchenlieder an, um sich Mut zu machen. Sie hatten sich aber auch bewaffnet, mit Knüppeln und Eisenstangen. Es sah gefährlich aus. Ich sagte das zu dem Pastor, doch er antwortete: »Es ist auch eine gefährliche Sache, es geht um Menschenleben. Ich habe von Jujumännern gehört, die jetzt gerade hier ihr Unwesen treiben. Furcht greift in den Hütten um sich.«

Samy wurde wieder unruhiger. Manchmal war es so, als ob einer ihn erwürgen wollte. Er sagte: »Wir müssen zu meiner Mutter fahren; sie weiß bestimmt, wo diese Jujumänner sind.«

Wir fuhren zu ihrer Hütte. Das war nicht leicht. Wir mußten mitten ins Gewirr der Hütten in Sekondi. Die Mutter war im gleichen Zustand wie Samy. Wir brachten sie ins Auto. Sie drückte ihren Sohn an sich und freute sich unter Tränen, weil sie schon damit gerechnet hatte, daß die Jujumänner ihrem Sohn etwas angetan hätten.

Sie wußte ganz genau, aus welcher Richtung der Juju kam. Wir anderen hörten und sahen nichts. Aber die Männer vom Kirchenvorstand spürten, daß ein Juju gemacht wurde. Ich kam mir wie ausgeschlossen vor. Immer noch spürte ich nichts; ich sah nur, wie die Menschen um mich herum davon betroffen waren und geplagt wurden.

Die Mutter, die auch ganz außer sich war, lenkte uns durch das Straßengewirr, aus der Stadt heraus, nach Ketan hinüber. Wir fuhren bestimmt vier Kilometer, ehe wir in den Dschungel eintauchten. Es war ein Pfad, den ich eigentlich nicht befahren konnte, doch ich zwang meinen Bully hindurch.

Die aufgeschreckten Menschen in dem kleinen Dorf, das wir durchfuhren, sahen uns entsetzt an. Sie wußten, wohin wir wollten und sahen uns nach wie Menschen, die sie nie wiedersehen würden. In mir kam langsam auch die Angst hoch. Wie genau uns Samys Mutter führen konnte, obwohl sie vor Angst schier verging! Sie drückte ihren Sohn fest an sich, als versuchte sie, ihn mit ihrem Körper zu decken.

»Sie werden uns töten, wir müssen wieder zurückfahren«, bat sie. Doch die Männer waren zu allem entschlossen.

»Fahr weiter!« befahl der Vorarbeiter. Ich sah mir seine Muskeln und seine Entschlossenheit an. Das beruhigte mich. Der Pastor schlug in der Bibel bestimmte Stellen auf, las sie nach und legte Fetzen von der Zeitung, die er im Auto fand, als Lesezeichen ein. Dann beteten wir.

Der Pastor hatte mir befohlen, das Licht im Auto anzuschalten, doch als wir in den Dschungel eintauchten, bat er: »Mach es aus. So wenig Licht wie möglich und mit ruhigem Motor.«

Das war aber schwierig in den niedrigen Gängen. Unten schlug der Boden des Wagens immer wieder auf. Gegen Baumwurzeln und Steine im Weg. Äste peitschten gegen die Windschutzscheibe und wischten um den Wagen herum. Wie würde der Lack nach dieser Buschtour aussehen!

Dann sah ich plötzlich ein paar Hütten im Scheinwerferlicht. Wie Warzen aus dem Boden gewuchert. Grau, verschimmelt, krumm, als ob hier keiner mehr hauste.

Aus einer Hütte quoll Rauch, in dicken Schwaden, durch das verfaulte Heudach.

»Da sind sie«, flüsterte Samys Mutter.

Wir kletterten aus dem Wagen und formierten uns. Der Vorarbeiter wollte mit seiner Stange die Spitze bilden, doch der Pastor drängte sich nach vorn: »Das ist meine Sache. Das hier geht nur mit Gottes Hilfe.«

Wie ein Keiler zog er voran, die Bibel in beiden Fäusten. Er trat die Tür ein, und wir besetzten die Hütte. Ich hatte meine schwere Taschenlampe aus dem Auto mitgenommen. Sie tauchte die dunkle Hütte sofort in grelles Licht.

Da hockten drei Männer. Mit Farben beschmiert. Um ein Feuer herum, das nach Verwesung stank. Knochen überall und Innereien von Tieren.

Die Männer fielen über die Jujumänner her, zerrten sie vom Feuer weg und aus der Hütte hinaus. Wir trampelten das Feuer aus, brachen die Hütte ab, warfen alles auf einen Haufen und zündeten es an.

Die Jujumänner versuchten, sich zu wehren, doch sie hatten keine Chance, wir waren stärker. Sie beschimpften und verfluchten uns, aber das erreichte uns nicht. Nach etlichen Tritten in den Hintern flüchteten sie in den Dschungel. Von dort aus riefen sie uns üble Verwünschungen zu.

Der Zauber war vorbei. Wir fuhren wieder zurück. Die verschreckten Menschen im Dorf kamen aus ihren verriegelten Hütten heraus und klatschten befreit, als wir vorbeikamen.

Im Bus sangen alle Lobeshymnen.

Dieses Erlebnis hat mich noch lange beschäftigt, und im Laufe von Monaten und Jahren wurde mir einiges deutlich. Diese Jujumänner übten nicht nur eine psychische Macht über Samy aus, sondern sie konnten auch das Böse auf ihn oder andere Menschen hetzen. Ich lernte in Ghana etwas von der Macht der Symbole. Das sind nicht nur irgendwelche Schmuckstücke oder ein Sternzeichen; in Afrika wird ein Symbol oft mit der Macht gleichgesetzt, die es verkörpert. Ein Symbol für das Böse *ist* das Böse und kann das Böse herbeiziehen.

Als wir damals im Dschungel die Symbole der Jujumänner, also Knochen, Innereien und das andere zerstört hatten, war der Bann gebrochen.

Ich erinnere mich noch an ein anderes Erlebnis. Wir hatten einmal Krach mit unserm Hausangestellten, weil er ein Mädchen vergewaltigt hatte. Als wir das Mädchen ins Krankenhaus gebracht hatten und wieder nach Hause kamen, war vor unserer Tür aus drei Steinen ein Dreieck aufgestellt worden, in dem Laub lag. Ein afrikanischer Freund sah das und wurde so wütend, wie wir ihn noch nie erlebt hatten. Er stürzte das Gebilde um, streute die Blätter in den Wind und warf die Steine weit weg.

Wir fragten ihn, was das alles bedeutete, doch er weigerte sich, es uns zu erklären, obwohl wir sehr gute Freunde waren und noch immer sind. Er hat in Oxford Jura studiert und wurde später Justizminister von Ghana - nicht gerade ein primitiver Mann also.

Später in Europa fragten wir Afrikaner nach der Bedeutung dieses Zauberdreiecks. Sie nickten und erklärten, daß man uns mit diesem Symbol alles Böse und den Tod ins Haus wünschen wollte.

Mit unserem Hausangestellten hatten wir nicht über den Zauber geredet. Er hatte sich alsbald entschuldigt und uns ein gebratenes Huhn als Geschenk gebracht. Uns war diese Versöhnung wichtiger gewesen als das Symbol vor unserer Tür.

Poltergeister

Wenn wir von der Hitze und Feuchtigkeit Takoradis genug hatten, dann flohen wir in die Berge. Zu Hause fanden wir keine Ruhe. Karin konnte niemand wegschicken, der mit Zahnschmerzen zu ihr kam, und mir fiel es genauso schwer, den Jungen zu sagen: »Los, haut ab, wir wollen jetzt auch mal unseren Frieden haben.« Verstanden hätten sie es sowieso nicht, denn keiner oder nur ganz wenige von den Afrikanern lebten allein; sie waren meistens von ihrer Großfamilie umgeben.

Unser Pastor kam aus den Akwapimbergen, oberhalb Accras. Genauer gesagt aus Akropong, wo schon im vergangenen Jahrhundert die ersten Schulen, Kirchen und Krankenhäuser entstanden waren. Diese drei Dinge gehörten bei der Mission immer zusammen.

Die ersten Missionare waren unten an der Küste an Malaria und Gelbfieber gestorben. Die nächsten waren oben in den Bergen etwas weniger den Moskitos und anderem Ungeziefer ausgesetzt. Schon im Jahre 1848 hatte man oben in Akropong von der Basler Mission eine Ausbildungsstätte für Lehrer gebaut. Dort war auch unser Pastor zur Schule gegangen. Eigentlich war er ja Lehrer, aber unsere Blechkirchengemeinde hatte ihn zum Prediger berufen.

Unser Pastor schrieb seinem Bruder, der an dem Seminar unterrichtete, und der nahm uns gerne auf. Er fand immer einen Platz für uns. Wir brauchten uns nicht anzumelden; wenn wir kamen, freute er sich. Er unterrichtete Mathematik und Physik, und ich unterhielt mich gerne mit diesem klugen Mann, der auch jedes Wochenende mit seiner Klasse zum Predigen im Busch unterwegs war.

Als wir wieder einmal hochkamen, rief uns der Freund schon von weitem entgegen: »Jetzt habe ich etwas ganz Besonderes für euch. Das Haus für unseren Direktor ist fertiggeworden. Ganz frisch ist es. Ihr könnt als erste einziehen, wenn ihr nichts dagegen habt. Der Direktor ist noch unten in Accra und sagt, daß es ihm eine Ehre ist, wenn ihr als erste in seinem Haus wohnt.«

Das Haus stand hinter der Schule, auf einem Bergrükken, der sich in den Dschungel hineindrückte und dann steil in die Bäume und Schlingpflanzen abfiel. Mit dem Auto kam ich nicht ganz an das Haus heran, da auf dem Weg noch Baumaterial herumlag.

Das Haus war am Hang gebaut, so daß man es zwischen oberer und unterer Etage betrat. Eine Treppe führte in den Flur mit den drei Schlafräumen hinunter, die andere stieg zum Wohnzimmer, zur Küche und zum Arbeitszimmer des Direktors hoch. Es gab zwar oben auch eine Haustür in der Küche, doch zu der führte von außen noch keine Treppe hoch, und sie blieb verriegelt und abgeschlossen.

Das Haus war mit strengen Sicherheitsvorrichtungen gebaut worden. Alle Fenster waren mit Eisen vergittert, und dahinter gab es noch die engmaschigen Moskitonetze aus Draht. Weder ein Mensch noch ein Insekt konnte durch diese Barrikaden ins Haus dringen.

Im Wohnzimmer entdeckten wir einen offenen Kamin, der oben auch vergittert und mit einem Moskitonetz aus Draht versehen war.

Karin, die nie Angst vor Einbrechern hatte, meinte: »Ich komme mir hier wie in einem Gefängnis vor. Warum hat denn der Direktor so eine Angst, mit seinem christlichen Glauben?«

Ich wußte es auch nicht, aber ich mochte nicht, wenn sie mir bei solchen Sachen immer das »christlich« unter die Nase hielt. Sie sah es auch ein, als ich darüber stöhnte, und gab mir einen Kuß zur Beruhigung.

Nur das Notwendigste war bisher ins Haus geschafft worden, Betten, ein Tisch, Stühle, sonst nichts. Aber wir brauchten auch nichts, wir hatten alles mitgebracht.

Mir gefiel die Aussicht, über die Täler des Urwaldes bis an den Rand der Akwapimberge und darüber weg bis in die Savanne und ans Meer.

Wir hatten auch Kweku mitgebracht, den Mann, der uns im Haus half, wenn wir beide arbeiteten. Der fing gleich an, mit Karin den Boden zu fegen und zu wischen.

Aber von Anfang an gefiel Karin das Haus nicht. Doch das war oft so. Während ich mich schnell von allem begeistern ließ, war sie skeptischer. Immer wieder sah sie sich um, als ob da noch jemand wäre. So kannte ich sie nicht. Ich war doch oft von zu Hause weg, und sie blieb tage- und nächtelang allein in Takoradi, wo auch reichlich eingebrochen wurde. Wenn sie etwas hörte, machte sie Krach, und der fremde Mann verschwand.

Aber an jenem Abend war sie ganz anders. Ich fragte sie nach dem Grund, aber sie konnte ihn mir auch nicht erklären.

Wir gingen früh schlafen. Der Generator der Schule lief nur bis gegen acht, dann flackerte das Licht aus. Sonst war da oben nichts zu tun. Wir tranken noch ein Bier, dann legten wir uns ins Bett. Im Raum nebenan schlief Kweku mit uns die beiden Kinder in den Körben, die wir immer mitnahmen. Wir lasen noch beim Kerzenschein, doch bald fingen uns die Augen an zu schmerzen.

Karin erzählte mir später, daß sie sich noch mit mir unterhalten wollte, doch ich war sofort eingeschlafen. Darüber schimpfte sie oft, weil es mir immer wieder passierte. Aber dafür kam sie am Morgen nicht heraus, wenn ich schon lange herumkröste und tippte.

Ich schlief bis zum Morgen durch. Als Anna, unsere jüngere Tochter, zu krähen anfing, wachte ich auf. Karin war schon wach und wickelte die Kleine.

»Kannst du dich mal ein bißchen um sie kümmern? Ich habe nicht genug geschlafen, ich bin immer wieder wach geworden. Es ist so unheimlich hier. Es war, als ob welche ums Haus schleichen würden.«

»Warum hast du mich denn nicht geweckt?« fragte ich sie.

»Hinterher war dann doch nichts, und ich wollte nicht, daß du mich auslachen würdest. Und dann hast du auch so gut und tief geschlafen.«

Ich hatte bestens geschlafen. Kweku auch. Aber trotzdem sah ich mir das Haus ganz genau an. Es war bombensicher, wie man so sagt, da konnte keiner hineinkommen, außer er schlug die Tür ein oder sägte das Gitter durch, was bei den starken Eisenstäben nicht leicht war und bestimmt nicht ohne Geräusche vor sich gehen konnte.

Kweku sollte ich nichts sagen, meinte Karin. Ok, ich richtete mich danach. Ehe wir an diesem Abend schlafen gingen, sah ich alles noch einmal ganz genau nach. Ich schob die beiden Riegel vor die Haustür und drehte den Schlüssel zweimal im Schloß um. Die Tür zur Küche war sowieso verriegelt und konnte von außen nur mit einer Leiter erreicht werden.

Ich versuchte auch, nicht sofort einzuschlafen, aber so etwas fällt mir immer schwer. An dem Tag war ich bestimmt zehn Kilometer durch den Wald gerannt und hatte mit den Studenten der Schule Fußball trainiert. Ich schlief also doch sofort ein, wie mir Karin später erzählte.

Aber dann schlief sie auch ein. Plötzlich, mitten in der Nacht, wurde ich aus dem Schlaf gerissen. Es war, als ob die Haustür aus den Angeln gestemmt und ein schwerer Schrank die Treppe heruntergedonnert würde. Das Geräusch riß mich hoch, Schrecken packte mich. Ich wartete darauf, daß diese Masse auch durch die Tür in unser Zimmer gedrückt wurde. Wir konnten das Zimmer nicht verschließen, es gab keinen Schlüssel zu der Tür.

Karin saß neben mir im Bett. Das Haus bebte. Wie eine Lawine brach es über uns herein. Mit dem drohenden Lärm kam auch ein Modergeruch in unser Zimmer geweht. Es stank ganz ekelerregend und gefährlich.

Ich biß mir auf die Lippe, hoffte, daß alles nur ein Traum sei. Doch es war keiner. Instinktiv dachte ich: Ich muß meine Familie schützen! Ich sprang aus dem Bett, riß die Taschenlampe mit und den Knüppel, der neben meinem Bett stand. Vor der Tür zögerte ich; sollte ich warten, bis sie eindrangen?

Doch dann plötzlich Stille vor der Tür, kein Laut mehr. Aber so, als ob sie dort auf mich lauerten.

Ich wagte es, riß die Tür auf. Vielleicht konnte ich die Einbrecher überraschen. Aber das waren ja unmenschliche Geräusche, so, als ob ein Bagger zu uns ins Haus gedrungen wäre.

Ich schwang den Knüppel, fuhr mit dem Lichtstrahl meiner großen Taschenlampe in den Flur.

Dort war nichts. Gar nichts. Kweku kam auch aus seinem Zimmer, vorsichtig schob er die Tür auf und steckte seinen Kopf heraus. Auch er war mit einem Knüppel und einer Taschenlampe bewaffnet.

Wir sahen uns an, sahen die Treppe hoch, doch dort waren keine Spuren eines Sturzes zu erblicken. Ich sah, wie das Schlüsseletikett sich noch hin- und herbewegte, so, als ob die Tür gerade zugeworfen worden wäre. Doch die Riegel waren zugeschoben, und als ich an die Klinke und den Schlüssel griff, war auch das Schloß zu.

Dann traute ich mich doch heraus. Kweku untersuchte das Haus. Ich hatte Angst draußen, ich meinte, Geräusche im nahen Dschungel zu hören. Doch dort gab es immer welche. Draußen am Haus konnte ich nirgends etwas Auffälliges finden, keine Fußspuren, keinen schweren Gegenstand, den sie die Treppe heruntergestürzt und wieder heraufgeschleppt haben mußten.

Auch Kweku fand nichts. Unsere Kinder schliefen noch. Die hatten nichts gehört.

Karin verstand das nicht. Wir hatten alle dieses furchtbare Geräusch gehört, doch nun war nichts zu entdecken.

»Morgen hau ich hier ab«, sagte Karin bestimmt. »Hier bleibe ich keinen Tag länger.«

Kweku erklärte uns: »Ist ganz klar, das waren Geister. Gut, daß wir sie nicht gesehen haben. Das wäre unser Ende gewesen.«

»Glaubst du an Geister?« fragte ich ihn.

»Ja sicher«, antwortete er, »du nicht?«

Nein, Karin und ich, wir glaubten natürlich nicht an Geister und an Spuk und so etwas.

Ich wollte eigentlich wachen, aber dann schlief ich doch ein. Nur Karin blieb die ganze Nacht wach, aber sie hörte nichts mehr.

Am nächsten Morgen ging ich zum Bruder unseres Pastors und erzählte ihm, was wir in der Nacht erlebt hatten. Ich dachte, er würde mich auslachen, und die Lehrer und Schüler auch, die im Postraum, wo ich ihn traf, herumstanden und interessiert zuhörten. Doch alle blieben ernst und nickten.

»Ja, was ist das?« fragte ich sie.

»Geister«, antwortete der Mathematiklehrer. »Unterhalb des Hauses ist die alte Begräbnisstätte der Jujumänner und Zauberpriester. Da geht keiner hin, und die Leute im Ort wunderten sich und warnten uns, weil das Haus zu dicht daneben gebaut worden ist. Nun sind die Geister sicher hochgekommen, um zu sehen, wer da jetzt wohnt.«

Wir schliefen dann doch noch zwei Nächte in dem Haus, und ich wartete; ich wollte unbedingt wissen, was es war, doch es kam nichts mehr.

Karin schüttelte den Kopf: »Ich habe es doch erlebt, aber es ist unmöglich. Kannst du das nicht erklären?«

Ich konnte es nicht. Ich hätte darüber gelacht, wenn mir vorher einer so etwas erzählt hätte.

Später fragte ich unsern Pastor, was ich denn machen sollte, wenn mir etwas in der Art noch einmal passierte.

Darauf antwortete er: »Laß dich damit nicht ein. Aber du brauchst auch keine Angst zu haben. Wer an Master Jesus glaubt, dem kann nichts passieren.«

Ein Ritualmord

Darwin war mein Freund und Kollege. Gemeinsam bauten wir die christliche Jugendarbeit in Takoradi auf. Wir predigten auch zusammen; er schrieb seinen Satz in Twi ich meinen in Englisch hinterher. Wir waren ein gutes Team, denke ich. Von meinem ersten Tag in Takoradi an kannte ich ihn. Eigentlich war er Lehrer, doch er gab seinen Beruf auf, um ganz für die Jugend dasein zu können, auch in ihrer und seiner Freizeit. Darwin war verheiratet. Er wohnte mit seiner Frau, seinen Kindern, den Ziegen und Hühnern bei uns in der Baracke, in dem Saal der Jugendlichen und auf dem Flur, der zu unserer Wohnung führte.

Darwin konnte auch gut Geschichten erzählen. Wir wechselten uns damit ab, er erzählte die »Massa Jesus Stories« in Twi und ich in meinem fehlerhaften Englisch.

Meistens war er ein fröhlicher Mensch, dem einige nachsagten, daß er gerne und immer »ja« antwortete, aber daß man sich dann doch nicht auf ihn verlassen könne. Ich machte ähnliche Erfahrungen, doch weil er ein so netter und fröhlicher Kerl war, konnte ich es ihm nicht übelnehmen und vergaß es immer schnell.

Aber manchmal war er auch sehr traurig. Dann brütete er in sich hinein. Als ich ihn einmal nach dem Grund fragte, antwortete er: »Man kann ja nicht immer nur fröhlich sein, aber mich bewegt auch etwas. Ich habe als Kind erlebt, wie ein unschuldiger Mensch getötet wurde, und das fällt mir manchmal wieder ein. Dann sehe ich die Bilder vor mir, und das betrübt mich. Ich frage mich, ob mit dem Tod nicht doch alles vorbei ist, und mein Glaube kommt ins Wanken. Aber dann rappele ich mich wieder auf ...«

Ich drängte ihn nicht, mir die Geschichte zu erzählen. Doch eines Abends, als wir hinten im Hof hockten, erzählte er sie mir.

»Ich wohnte mit meinen Eltern in Jumapo, doch mein

Großvater residierte als König unseres Stammes oben in den Bergen. Er war ein hochgeachteter und gefürchteter Mann, der viele Frauen, Kinder und Enkelkinder besaß. Ich war sein Lieblingsenkel, ich weiß auch nicht, warum. Oft schickte er einen Boten zu uns, und ich mußte zum König hochfahren.

Damals, als diese Geschichte passierte, war ich in der ersten Schulklasse. Meine großen Ferien verbrachte ich beim Großvater, dem es nicht so gut ging. Ich wohnte mit ihm in der Hütte, lag mit ihm auf der Pritsche, und wir aßen aus der gleichen Schüssel. Er konnte nicht mehr gut gehen, und ich stützte ihn.

Nur wenn er sich mit den Ältesten in eine geheime Hütte im hintersten Winkel seines Palastes zurückzog, durfte ich ihn nicht begleiten.

Dann waren die Ferien zu Ende. Ich fuhr wieder nach Jumapo zurück. Die Eltern waren sehr besorgt über den Gesundheitszustand des Großvaters. Alle Leute unseres Stammes. Er war zwar ein gefürchteter und oft auch brutaler Herrscher gewesen, aber sie liebten ihn doch.

Eines Tages, ich saß noch in der Schule, erschienen dort zwei Älteste vom König, sprachen mit dem Lehrer und nahmen mich mit in die Berge, ohne daß ich vorher noch zu Hause vorbeigehen konnte. Sie hatten es sehr eilig und sagten mir nur, daß der König mich sehen wollte. Oben angekommen, spürte ich eine große Nervosität bei allen Leuten.

Der Großvater war nicht in seinem ›Palast‹, sondern hinten in der geheimen Hütte. Dort lag er auf einer Pritsche. Zwar unterhielten die Jujumänner noch immer ein Feuer und brauten geheimnisvolle und gefährliche Getränke für ihn, aber sogar ich sah ihnen an, daß sie die Hoffnung aufgegeben hatten. Der König lag im Sterben.

Er lächelte, als er mich sah, winkte mich zu sich auf die Pritsche, wo er seine müde Hand auf mich legte. Er fieberte. Mal war er sehr heiß und trocken, dann wieder kalt und zittrig.

Außer uns beiden befanden sich nur noch seine engsten Mitarbeiter und Jujumänner in der Hütte. Draußen durfte keiner wissen, daß der König im Sterben lag. Es wurde auch nie zugegeben, daß ein König gestorben war. Dann hieß es immer: ›Er ist zu einem Besuch ins Nachbardorf gegangen.‹ Doch von dort kam er nie wieder.

Ich schlief noch eine Nacht beim Großvater auf der Pritsche. Reden konnte er nicht mehr. Ich wurde nicht mehr herausgelassen, keiner durfte wissen, wie es um den König stand.

Noch einmal versuchten die Medizinmänner alles, um ihn zu retten, doch gegen Morgen starb der Großvater. Ich weinte bitterlich, aber ganz leise; keiner durfte es draußen merken.

Später erfuhr ich, warum es den Ältesten und Jujumännern so wichtig war. Die Seele des Häuptlings mußte mit Blut an seinen ›stool‹ gebunden werden.

Der ›stool‹ war nicht nur das Zeichen seiner Macht, sondern die höchste Autorität in unserem Stamm, so wie es bei den Ashanties nebenan der goldene ›stool‹ ist. ›Stool‹ heißt eigentlich Stuhl. Aber es ist ein Schemel, der aus einem Stück Holz geschnitzt werden muß. Darauf sitzt bei uns der König bei feierlichen Staatsangelegenheiten. Später, wenn er ›ins Nachbardorf gegangen ist‹, wird es die Stätte seiner Seele sein. Als Schuljunge wußte ich aber noch nichts davon.

Als der Großvater kalt neben mir lag, begannen die Ältesten und Jujumänner mit den Vorbereitungen zu seiner ›Seelenwanderung‹.

In unserem Stammesgebiet gab es viele junge Männer aus dem Norden Ghanas und aus Obervolta, die wie Sklaven auf den Äckern arbeiteten und in erbärmlichen Verschlägen hausten. Keiner kannte ihre Namen, und sie gehörten zu keiner Familie. Sie hatten auch keine Rechte, und man jagte sie davon, wenn man sie nicht mehr brauchte oder wenn sie krank wurden. Zu uns kamen sie, weil sie oben in der Wüste nicht mehr genug zu essen hatten. Sie waren Moslems, aber sie wußten nicht, warum. Sie trugen ein Käppchen auf dem Kopf und ein kurzes, weißes Hemd. Fünfmal am Tag beteten sie, wie es sich bei ihnen gehörte, doch sie beteten und verneigten sich stumm, weil sie die arabischen Texte nicht kannten. Die Richtung, in der Mekka lag, variierte ebenfalls bei ihnen.

Sie konnten einem leid tun, diese Jungen aus dem Norden. Frauen oder Freundinnen hatten sie auch nicht. In ihrer Freizeit veranstalteten sie Ringkämpfe miteinander. In unserer Sprache konnten sie sich nur bruchstückhaft verständigen.

Als der Großvater gestorben war, wurde so ein fremder junger Mann mit einem bestimmten Pflanzenblatt in ein Dorf am Rande des Königreiches geschickt. Die Ältesten dort wußten Bescheid, wenn ein Bote mit diesem Blatt bei ihnen eintraf. Sie nahmen es ihm ab und behielten den Boten bei sich, sperrten ihn ein, drohten ihm mit dem Tod, falls er von diesem Botengang irgend jemandem etwas erzählte. Er wurde solange als Sklave gehalten, bis ein neuer König installiert worden war.

Mit dem gleichen Blatt schickten sie einen Boten zum Königsdorf in den Bergen zurück. Auch dieser gehörte zu den Jungen, die sich als Sklaven auf den Äckern abschuften mußten. Er wußte natürlich nicht, was sein Botengang bedeutete und was er noch erleben würde.

Er rannte los. Wenn er seine Botschaft nicht schnell genug überbrachte, konnte man ihn ganz elend zusammenschlagen und bei Wasser und Fufu einsperren. Das wollte er nicht. Er lief, so schnell er konnte. Seinen Kollegen durfte er vorher nicht mehr Bescheid sagen. Man hatte ihn allein auf einem Feld aufgegriffen und losgeschickt.

Am Rande unseres Dorfes warteten schon einige Häscher auf ihn. Kaum war er eingetroffen, wurde er durch geheime Gänge und Wege in die Hütte geführt. Dort hatte man den Großvater unter ein rotes Laken gelegt. In der Hütte waren alle Lichter gelöscht worden. Nur die Glut des offenen Feuers erhellte die Szene gespenstisch. An den Hüttenwänden entlang hockten die Ältesten und Jujumänner unter ihren eng an den Körper gezogenen roten und schwarzen Tüchern. Auch ich hockte dort, zitternd und noch immer mit Tränen im Gesicht. Ich fürchtete mich vor dem, was kommen würde, obwohl ich nicht wußte, was es war; aber ich ahnte, daß es nichts Gutes sein konnte.

Auch der Junge zitterte. Er wollte sich vor den hohen Herren niederknien, die arme Seele, doch man forderte ihn auf, sich zwischen sie an die Wand zu setzen. Er tat es erst, als man ihn dort herunterdrückte. Dann bekam er Palmwein, obwohl er als Moslem gar nicht trinken durfte. Doch er traute sich nicht, abzulehnen. Und dann wurde ihm auch noch Akpenteschi eingeflößt, der selbstgebrannte und selbstmörderische Schnaps unserer Region.

Nun begannen die Zeremonienmänner ihre Handtrommeln zu rühren. Sehr gedämpft, so daß der Klang kaum nach draußen drang. Es waren Totenklagen, die sie zunächst spielten, aber dann gingen sie zu einem fröhlicheren Teil über, nach dem getanzt werden konnte. Ich begriff nichts, doch sie wußten sehr wohl, was sie taten.

Alle tranken Schnaps und aßen Hühner. Auch dem Jungen flößten sie immer mehr ein. Er verlor seine Furcht, seine Augen begannen zu glänzen, und er war stolz darauf, mit diesen hohen Herren zusammenzusein. Dann fingen die Jujumänner an zu tanzen. Das war gar nicht gut, soviel wußte ich. Das taten sie nur, wenn sie etwas Böses vorhatten. Die Trommeln dröhnten immer schneller, und die Jujumänner tanzten immer wilder. Auf einmal rissen sie den Jungen aus dem Norden hoch, und er mußte mit ihnen tanzen. Er konnte es nicht. Er schwankte schon auf seinen Beinen, konnte sie kaum noch kontrollieren und kicherte dabei. Immer mehr Schnaps mußte er trinken.

Dann fielen die Jujumänner plötzlich über ihn her. Man rammte ihm einen Knebel in den Mund, an dem er fast erstickte, und ich sah, wie einige seiner Zähne auf den Boden fielen. Sie fesselten ihm die Arme hinten auf dem Rücken zusammen und dann die Beine. Danach sprang der übelste Medizinmann ihn an und durchschnitt ihm mit seinem scharfen Buschmesser die Kehle. Das Blut wurde mit einer Schüssel aufgefangen. Erst als alles Blut aus dem schlaff gewordenen Körper abgefangen worden war, wurde dem armen Kerl der Gnadenstoß ins Herz versetzt. Einige verschwanden mit dem Körper nach draußen und verscharrten ihn irgendwo im Dschungel, wo ihn keiner fand, oder sie warfen ihn den Geiern vor und den Ameisen. Ich mußte das alles mit ansehen. Ich preßte zwar meine Augen zu, aber dann sah ich es doch.

Der ›stool‹ meines Großvaters wurde mit dem Blut getränkt. Nun hatte seine Seele einen Platz gefunden, meinten die Jujumänner. Ich wurde zu Stillschweigen verpflichtet. Du bist der erste, dem ich diese Geschichte erzählt habe. Es war schlimm. Ich hoffe, daß man es heute nicht mehr tut.

Verstehst du, warum für uns die frohe Botschaft etwas ganz Besonderes ist? Nicht mehr Menschenopfer, weil Gott seinen eigenen Sohn für uns geopfert hat.«

Der schwere Gang unseres Pastors zum Minister Fünf-Prozent

Ghanaer sind immer schnell dabei, Menschen mit einem neuen Namen zu schmücken, der die Eigenschaften und Untugenden dieses Knaben oder Mädchens ausdrückt. So hieß ein Mann, von dem bald gründlich die Rede sein wird, Fünf-Prozent. Wer nämlich von ihm einen Regierungsauftrag haben wollte, mußte ihn vorher mit der angegebenen Summe bestechen. Das Wort Bestechung wurde für diese Tätigkeit aber nicht gebraucht. »Dash« nannte man das. Was es eigentlich bedeutete, wußte keiner. Es kommt aus dem Englischen, »to dash out«, etwas auf die Schnelle aushändigen.

Obiger Fünf-Prozent hatte sich schon sehr früh in die Politik begeben und sich einen Weg nach oben getrampelt, wie es dort so üblich ist, nicht viel anders als bei uns. Aber schon auf dem Weg dorthin hatte er seine Helfer belohnt und von denen Geld genommen, die von ihm abhängig waren. Zu seiner Leidenschaft wurde Geld, als er ganz oben angekommen war. Jetzt war er Minister und konnte nicht genug davon bekommen.

Seine zweite Leidenschaft waren Frauen und Mädchen. Auch diesen Appetit konnte er kaum stillen. Er nahm alles, was er kriegen konnte. Als Mitglied des Erziehungsausschusses der Regierung, der für die Einstellung und Versetzung von Lehrern verantwortlich war, ließ er sich von Lehrerinnen jede Versetzung in ihrem Sinne mit einer Nacht in seinem Bett bezahlen.

Als er bald in den Vorstand der nationalen Luftfahrtgesellschaft kam, jubelte er. Jede Aspirantin auf eine Karriere als Stewardeß wußte bald, daß ihr Weg durch sein Bett führen würde. Das sprach sich im ganzen Land herum. Dann wurde er stellvertretender Gesundheitsminister und lernte die schönsten Krankenschwestern Ghanas kennen.

Sicher nimmt der Leser an, daß ich übertreibe, aber das stimmt leider nicht. Und dieser Mann war auch nicht der einzige, der es so trieb.

Er schämte sich nicht, bei offiziellen Anlässen mit immer neuen Damen an seiner Seite zu erscheinen. Bei uns macht man es ja anders; da läßt man sich scheiden, wenn die Frau zu alt wird oder nicht mehr in den »attraktiven« Zirkel von alten Männern und jungen Damen paßt.

Ghanas damaliger Präsident lebte einen ähnlichen Lebensstil vor. Als politische Losung hatte er einen Bibelspruch umformuliert. Der lautete nun so: »Trachtet als erstes nach dem politischen Reich, *dann wird euch alles andere zufallen.*« So ließ er sich alles zufallen, und was nicht wollte, das holte er sich oder er sperrte die Menschen ein, die ihn kritisierten.

Auf dem Weg nach ganz oben heiratete unser Mr. Fünf-Prozent, und zwar die Nichte des Finanzministers. Die war sehr schön, und er erwartete von der Heirat noch einen Schub für seine Karriere.

Ich kannte dieses Mädchen sehr gut. Sie kam aus Takoradi, besuchte dort das Gymnasium und gehörte zu unserer Blechkirche. Ihre Eltern waren ganz einfache Leute. Fünf-Prozent hatte sie gesehen, als sie bei ihrem Onkel während einer Party servierte. Er verliebte sich so in sie, daß er sie heiratete, was eigentlich gar nicht zu ihm paßte.

Diese Trauung wurde zur Hochzeit des Jahres. Der Präsident thronte als Ehrengast, der Finanzminister führte die schöne Braut zum Altar. Der Erzbischof traute sie. Die Frauen weinten beim Anblick der wunderschönen Braut und hofften, daß sie den gutaussehenden Minister nun zu einem besseren Lebenswandel leiten würde. In der Blechkirche wurde intensiv für sie und ihren Mann gebetet. Sie hatte sich gewünscht, von unserem Pastor getraut zu werden, aber das hatte Mr. Fünf-Prozent natürlich abgelehnt.

Seine Hochzeit machte sich schon bald bezahlt. Auf ihn fiel noch mehr von der Gnade des Präsidenten. Die Hochzeitsreise wurde mit einer dienstlichen verbunden. Da der Minister zu einer internationalen Konferenz nach Tokio mußte, nahm er seine Frau mit und besuchte auf dem Wege alle Länder, die ihm gefielen. Den Abschluß der Hochzeitsreise bildeten Deutschland und England, wo der Herr Minister Firmen aufsuchte, die von ihm Aufträge haben wollten und gerne bereit waren, ansehnliche Hochzeitsgeschenke zu vergeben. Mit mehreren Kisten und Koffern landete er wieder in Accra und ließ alles von einem Lastwagen seines Ministeriums abtransportieren.

Wir hatten gehofft, Lilian, seine Frau, auch weiter in unserer Kirche begrüßen zu können, aber sie erschien nicht mehr. Auch ihre Eltern beklagten sich, kaum etwas von ihr zu sehen. In der Gemeinde ging der Satz herum: »Sie ist unter die Räuber gefallen und selbst hochmütig geworden.«

Zunächst hatte die neue, fremde Welt einen so starken Eindruck auf das Mädchen aus einfachen Verhältnissen gemacht, daß es lange dauerte, ehe Lilian in ihrem neuen Leben eine gewisse Übersicht und ein damit verbundenes Selbstvertrauen fand. Vorher versuchte sie, ihre Komplexe und ihr Unbehagen mit Arroganz zu überspielen. Früher war sie barfuß zur Schule gelaufen, nun fuhr sie im Wagen ihres Mannes und mit Chauffeur bei den Geschäften vor. Früher sah sie sich immer erst den Preis an und feilschte darum, wenn sie etwas einkaufen wollte; nun griff sie zu, wenn ihr etwas gefiel. Es gab einfach nichts in den Läden, was sie nicht erstehen konnte. Und ihr Mann schimpfte, wenn er sie in einem Kleid sah, das er schon kannte.

Bald kamen dann auch Kinder an, und sie hatte nun etwas, auf das sie sich konzentrieren konnte und bei dem sie unersetzbar war.

Ihr Mann war sehr stolz darauf, daß sie ihm zuerst zwei

Jungen gebar und erst dann ein Mädchen, was für ihn, in dieser Reihenfolge und Zusammenstellung, in Ordnung ging.

Aber trotzdem fing es bei ihm wieder mit den anderen Frauen an. Eine reichte ihm nicht mehr, Frauen waren einfach seine Leidenschaft und ein Sammelobjekt. Er sammelte sie wie andere Briefmarken oder Rennpferde. Dabei dachte er sich nichts. Er wollte auch keine andere heiraten als seine jetzige Frau, doch er suchte immer das Abenteuer und Befriedigung nach seinen Strapazen in der Politik, vor allem von dem schwierigen Umgang mit dem selbstherrlichen Diktator, bei dem auch die Minister fürchten mußten, plötzlich abgesetzt oder gar eingesperrt zu werden, wie es eben der Laune des Alleinherrschers entsprach.

Zunächst erfuhr seine Frau nichts von seinen Eskapaden. Doch dann waren die nicht mehr zu übersehen. Sie fand Lippenstift an seinen Hemden und Taschentüchern, Bilder von fremden Frauen auf seinem Schreibtisch und in seinen Taschen. Erst stritt er alles ab, später schrie er sie an und befahl ihr: »Halte dich da raus. Das ist meine Sache. Du kriegst, was du brauchst. Du lebst hier wie eine Königin, was willst du eigentlich mehr?«

»Ich möchte meinen Mann«, entgegnete sie, »sonst nichts. Dafür gebe ich alles andere ab.«

Als ich von dieser Ehesituation hörte, begriff ich einfach nichts. Sie war doch eine der schönsten Frauen, die ich je in meinem Leben gesehen hatte. Sie hatte einen herrlichen, geraden Gang. Denn schon als Mädchen hatte sie alle ihre Lasten auf dem Kopf getragen, aber keine zu schweren. Auch die Kleider, die sie trug, paßten genau zu ihr. Bei den Farben war sie immer zurückhaltend und doch fröhlich. Meistens kam Gelb vor, das ihr vorzüglich stand.

Ich wurde an ein Gedicht von Hölderlin erinnert. Das paßte genau zu ihr:

An Feiertagen gehn
Die braunen Frauen daselbst
Auf seidnen Boden,
Zur Märzenzeit,

Wenn gleich ist Nacht und Tag,
Und über langsamen Stegen,
Von goldnen Träumen schwer,
Einwiegende Lüfte ziehn.

Aber die Frauen rannten dem Minister hinterher. Er hatte keine Schwierigkeiten, die zu nehmen, die er haben wollte, und trieb es mit allen, mit Damen der Gesellschaft und mit Schulmädchen.

Um die ganze Sache leichter erledigen zu können, ließ er sich einen Bungalow bauen. Die Regierung stellte damals für die Mittelklasse des Landes preis- und zinsgünstige Eigenheime her. Der Minister wußte es so einzurichten, daß ihm die Schweizer Baufirma, die diesen Auftrag bekommen hatte, kostenlos einen Bungalow erstellte. Den richtete er als Liebesnest her. Jeder in Ghana wußte das. Die Nachbarn sorgten dafür, daß seine Neuerwerbungen bald überall bekannt waren.

Erst wollte Lilian, die Ministersfrau, nichts davon hören. Sie versuchte es zu übersehen. Doch als die Kinder auch in der Schule und in der Nachbarschaft von den Liebesabenteuern ihres Vaters erfuhren, mußte sie eingreifen.

Sie versuchte ihren Mann zur Rede zu stellen, doch der schlug sie und drohte: »Ich werfe dich aus dem Haus und hole für die Kinder meine Schwester her!«

Die Kinder wollte Lilian behalten. Sie versuchte noch einmal, sein Treiben einfach zu ignorieren, doch sie konnte es nicht. Da fiel ihr unser Pastor ein, und sie fuhr nach Takoradi und erzählte ihm alles.

Unser Pastor war sonst ein ruhiger Mann, aber als er das

hörte, packte ihn die Wut, und er rief: »Ich fahre sofort zu dem Kerl und stelle ihn zur Rede!« Er spürte: Gott wollte, daß er Lilian half und dem Minister ins Gewissen redete.

Lilian versuchte ihn zu bremsen. Sie bekam Angst um ihre Kinder und um ihn. Doch der Pastor blieb dabei: »Ich muß nach Accra fahren. Die Propheten haben das im Alten Testament auch so gemacht. Nathan ist zu David gegangen und Johannes der Täufer zu Herodes, und unseren Herrn haben sie dafür ans Kreuz geschlagen, weil er die Wahrheit gesagt hat. Ich muß nach Accra, aber ich werde ihm nicht sagen, daß du dahinterstehst. Das tust du auch nicht, ich muß nur meine Pflicht als Hirte meiner Herde erfüllen.«

Auch noch andere versuchten unserem Pastor das auszureden. Aber er blieb dabei. Er mußte damit rechnen, daß der Minister ihn einsperren ließ. Der war zu allem fähig. Schon mehrere Menschen waren verschwunden, weil sie irgendeinem Parteibonzen unangenehm geworden waren.

Lilian fuhr nach Accra zurück. Der Pastor wartete noch ein paar Tage, betete und überlegte. Dann fragte er mich am Sonntag in der Blechkirche: »Bringst du mich mit deinem Wagen nach Accra? Der Minister wird nicht herausbekommen, wer mich gefahren hat.«

Am nächsten Tag fuhren wir los. Unser Pastor ganz in Schwarz, mit dem weißen Kragen. So offiziell hatte ich ihn nur bei der Geisteraustreibung gesehen. Seine Bibel hatte er auch dabei, und er las sich mit den entsprechenden Stellen Mut an, während ich fuhr.

Wir sangen unterwegs, doch je näher wir Accra kamen, desto kleinlauter wurden wir. Man sah die Macht des Diktators und seiner Minister überall. Straßensperren mit Polizisten, die ziemlich rüde mit dem Volk umgingen, für das der Diktator angeblich alles tun wollte.

Wir kamen am Gefängnis vorbei, wo politische Gefangene darbten. Dann vorbei an den Ministerien und der Burg des Diktators. Wir fuhren vor die Villa des Ministers.

Der Pastor sagte, ich solle ihn vorher absetzen, doch ich wollte kein Feigling sein; ich fuhr ihn bis vor die Tür.

Feierlich stieg unser Pastor aus, fast wie ein Bischof. Ich war herausgesprungen und hielt ihm die Tür auf. Allerdings paßte meine Kleidung nicht so ganz zu seiner Würde, meine Schlappen, die kurze Hose und das Hemd, das darüberhing.

Doch weit kam der Pastor nicht mit seiner Würde. Vor der Tür stand ein Polizist mit geladener Maschinenpistole. Der war nur einen Augenblick lang von dem geistlichen Kleid überrumpelt, dann fing er sich wieder und wollte den Pastor nicht hereinlassen. Der Minister sei auch gar nicht da.

Unser Pastor bat, die Frau Minister sprechen zu dürfen. Der Polizist rief einen Diener heran, und bald kam Lilian aus der Villa geeilt, um den Pastor freundlich zu begrüßen. Doch ich sah an ihrem Gesicht, daß sie traurig war und geweint hatte.

Ich wartete, während der Pastor hereingebeten wurde. Über eine Stunde blieb er dort. Dann kam er heraus und befahl mir: »Wir müssen zu seinem Liebesnest fahren, da ist er mit einer. Das geht so nicht mehr weiter, die Frau hält das nicht mehr aus, und für unser Land ist es eine Schande. Die Ehre unserer Frauen wird hier genommen, und sie werden zu Huren degradiert, da muß ich was tun.«

Ich spürte, daß es keinen Sinn hatte, ihn aufzuhalten.

Es war nicht schwierig, den Bungalow des Ministers zu finden. Wir brauchten nur am Eingang der Labone-Siedlung zu fragen. Der Mann dort konnte uns den Weg ganz genau beschreiben. Er grinste dabei; jeder wußte, daß es ein schmutziges Liebesnest war. Die Umgebung des Hauses war ungepflegt, der Vorgarten von den Reifen der ministeriellen Wagen aufgepflügt.

Ich warnte den Pastor: »Du mußte auch an deine Familie denken. Der kann dich einsperren lassen.«

»Jetzt muß ich an Lilian und ihre Kinder denken. Meinst du, ich hätte keine Angst? Ich fürchte mich vor dem Kerl, ich möchte am liebsten auch abhauen, wie der Prophet Jona, bis in den Bauch des Walfischs, aber jetzt kann ich nicht mehr zurück.«

Vor dem Bungalow parkte die Ministerkarosse. Der Fahrer schlief hinter dem Lenkrad und der Polizist, der eigentlich das Haus bewachen sollte, neben ihm. Der Pastor stieg aus und marschierte sofort auf den Bungalow zu, klopfte an die Tür und öffnete. Der Minister hatte sie nicht abgeschlossen. Er wußte, daß der Polizist jeden Besucher abwehren oder ihn, Fünf-Prozent, warnen würde.

Auf dem Sofa saß der Minister und hielt das Händchen von einem verschüchterten Schulmädchen. Sie trug noch ihr grünes Schulkleid mit den gelben Rändern. Ihre Bücher lagen sorgfältig zusammengepackt auf einem Tischchen nebenan. Aber sie hatte schon versucht, eine Dame zu werden. Sie trug Schuhe mit sehr hohen Absätzen an ihren nackten, lehmbespritzten Beinen. Sicher stammten die aus dem Fundus des Herrn Ministers. Sie hatte auch versucht, sich die Lippen anzumalen, doch der Strich war über die Lippen hinausgegangen, er verschmierte ihre Oberlippe und zog sich bis ans Kinn.

An ihren Fingernägeln waren noch Reste von Lack zu erkennen. Ungelenk hielt sie eine brennende Zigarette. Sie schrie auf, als sie den Pastor sah, und versuchte wegzulaufen, doch der Minister hielt sie fest.

Fünf-Prozent übersah die Lage schnell. Wütend schrie er den Pastor an, daß ich es bis draußen hörte: »Das wirst du mir büßen: Ich lasse dich einsperren und prügeln!« Dann rief er nach dem Polizisten.

Der Pastor wußte, daß er nicht lange reden konnte. »Du Ehebrecher!« schrie er ihn an. »Du Zerstörer deiner Familie und deiner Ehe! Tu Buße. Es ist auch schlimm, was du diesen unschuldigen Kindern antust ...«

Weiter kam er nicht. Der Polizist und der Fahrer waren ins Haus eingedrungen und fielen über den Pastor her. Ich wollte ihm zur Hilfe eilen. Es kam zu einem Handgemenge. Doch leider rannten noch zwei Polizisten von der Ministereskorte hinter dem Haus herein. Sie drohten mit ihren Waffen und feuerten einen Schuß zur Warnung in die Luft ab. Der Lärm hatte auch die Nachbarn alarmiert. Aber keiner wagte sich auf die Straße heraus. Sie standen hinter den Fensterläden ihrer Häuser und beobachteten uns.

Das Mädchen weinte und lief barfuß davon. Den Pastor und mich packten die Polizisten. Sie riefen einen Polizeiwagen heran. Mich ließen sie schnell wieder laufen, doch den Pastor nahmen sie mit.

Ich sagte in Takoradi Bescheid. Wir trafen uns sofort in der Kirche zum Gebet.

Nach einigen Wochen wurde unser Pastor freigelassen. Ich weiß nicht, ob der Minister sich geändert hatte. Doch seine Frau kam, so oft sie konnte, zu uns nach Takoradi und feierte mit uns Gottesdienst. Dann lächelte sie wieder und fühlte sich frei. Unser Pastor hatte jetzt noch mehr Autorität bei uns als vorher. Wir hatten seinen Glauben erlebt.

Esthers Predigt

Wie überall in Afrika, und auch in Europa, war die Führung der Blechkirchengemeinde zunächst eine Männerangelegenheit. Auch die Form des Gottesdienstes war am Anfang noch nicht afrikanisch, sondern stark von der Missionstradition geprägt. Die Gepflogenheiten der Basler Mission wurden nachgeahmt.

Trommeln waren verbannt, weil sie zu heidnischen Riten gebraucht worden waren. Ein Harmonium ächzte gegen Hitze und klobige Fuß- und Faustbearbeitung an. Die afrikanischen Zungen und Lippen gewöhnten sich nur langsam an deutsche Choralmelodien. Die Texte waren pflichtbewußt, werkgetreu, aber ohne Phantasie und Einfühlungsvermögen übersetzt worden. Meistens verstanden die Sänger gar nicht die Worte, die sie dann auch noch in fremde Musik und einen hölzernen Rhythmus übertragen mußten.

Aber das änderte sich langsam. Nicht der Kirchenvorstand, sondern die Gemeinde sorgte dafür. Es fing mit den improvisierten Liedern vor dem eigentlichen Gottesdienst an, ein Höhepunkt war dann die Predigt von Esther, die als erste Frau auf unsere Kanzel stieg. Bildlich gesprochen, denn unsere Kanzel war nur ein Pult, das auf der gleichen Ebene vor uns stand.

Esther gehörte schon eine Weile zum Kirchenvorstand, sie vertrat die Frauen darin. Aber dann kamen die Männer darauf, Esther zu fragen, ob sie nicht auch einmal predigen wollte. Man kam auch darum auf sie zu, weil als Sonntagsevangelium die Geschichte mit der Sünderin dran war.

Esther lächelte, sagte »aha« und sie würde es gerne tun, aber sonst nichts. Die Männer gingen noch weiter: »Wir möchten dir die ganze Predigtzeit zur Verfügung stellen. Dein Englisch verstehen die meisten, und du bist es ja als Schwester gewöhnt, Menschen ihre Krankheiten in einfachen Worten zu erklären.«

Esther war Oberschwester im Regierungskrankenhaus. Sie war dort für die Operationsassistenz und die Intensivstation, die nur aus einem Zimmer bestand, verantwortlich. Man nannte sie die Königin des Hospitals. Ohne sie lief dort nichts. Zu jeder ärztlichen Konferenz wurde Esther hinzugezogen. Sie war aber nicht nur fachlich und menschlich eine wichtige Persönlichkeit, sondern sie hielt auf den Stationen auch Andachten und versammelte die Schwestern jeden Abend zu Gebet und Gesang.

In unserer Blechkirche warteten wir gespannt auf ihre Predigt. Sehr sorgfältig bereitete sie sich vor. Auch kleidete sie sich für diese Gelegenheit ganz neu ein.

An dem lang erwarteten Sonntagmorgen holten Karin und ich sie aus dem Schwesternheim ab. Mit ihren hohen, dünnen Absätzen hätte sie kaum durch das Geröll auf unseren Straßen und Wegen gehen können. Auch hatte sie sich ihr Kleid so eng schneidern lassen, daß sie sich nur in kleinen Schritten vorwärtsbewegen konnte. Unter dem Arm trug sie ihre große Bibel mit Goldschnitt, in der viele Zettel steckten.

Als sie ausstieg, sagte sie zu uns: »Fritz und Karin, bitte betet für mich.« Was wir auch intensiv taten.

Sie zog mit dem Kirchenvorstand ein, als letzte, das war immer der Ehrenplatz für den Prediger.

Nach der Liturgie, die bei uns immer sehr kurz war, bewegte sie sich ganz feierlich zum Pult. »Liebe Schwestern und Brüder«, begann sie. Aber dann sah sie sich erst einmal um. Sie musterte uns und lächelte. »Ich hatte erwartet, daß ihr mich viel kritischer ansehen würdet, besonders die Männer. Doch ihr lächelt mich alle an. Ihr macht mir Mut. Das tut mir gut. Mit Gottes und mit eurer Hilfe hoffe ich, euch die frohe Botschaft zu bringen.

Die Männer haben mir die Geschichte gegeben, über die ich jetzt reden muß. Neben all den berühmten Männern des Neuen Testaments kommt hier nun eine Frau vor, eine miserable, eine Sünderin. Haben mir die Männer darum diese Geschichte gegeben, weil sie vielleicht dachten, daß es eine Frauengeschichte ist? So sieht sie aber nur oberflächlich aus. Es ist auch eine Männergeschichte, und die Männer kommen dabei gar nicht gut weg.

Master Jesus liebte die Kinder und die Frauen. Wir sind noch heute dankbar dafür, wir Frauen und Kinder, darum füllen wir die Kirchen überall. Aber ich muß jetzt zu der Geschichte kommen. Sie steht im Johannesevangelium, im achten Kapitel, in dem später der herrliche Satz steht: ›Wen der Sohn frei macht, den macht er recht frei.‹ Behaltet diesen Satz in eurem Ohr. Damit endet eigentlich die Geschichte. Mit diesem Satz wird sie zusammengefaßt.

Master Jesus hat uns diesen Satz nicht nur so gesagt, sondern er macht uns wirklich frei. Nehmt diese Zusage tief in eure Herzen hinein, so wie Maria Gottes Wort in sich aufnahm und in ihrem Herzen bewegte.

Es war noch früh am Morgen, damals in Jerusalem. Unser Herr hatte die Nacht draußen vor der Stadt verbracht, wo es kühler war. Immer waren Leute um ihn, er konnte nicht mehr allein sein. Die Leute wollten alles von ihm wissen. Sie hofften auf ihn. Er war etwas ganz Neues. Er beschimpfte sie nicht, wie es die Propheten getan hatten, er war nicht arrogant wie die Pharisäer, sondern er liebte sie, und das spürten sie.

Es gab natürlich auch Neugierige, die ihm nachliefen, weil sie von ihm Sensationen erwarteten. Master Jesus stand ganz früh auf, weil er im Tempel einmal allein sein und beten wollte. Aber er kam nicht dazu. Schon in der Vorhalle fingen die Menschen ihn ab und baten ihn, ihnen doch eine Geschichte zu erzählen. Sie konnten nicht genug von ihm hören.

Den führenden Männern der Juden gefiel es gar nicht, daß ihm die Leute nachliefen. Die Pharisäer wollten so populär sein wie er. Sie wollten, daß die Menschen auf sie hörten und nicht auf den dahergelaufenen Zimmermann aus Nazareth, woher bekanntlich nichts Gutes kommen konnte.

Für das niedrige Volk hatten sie sich einen Plan ausgedacht, weil es sowieso die komplizierten Gesetze nicht verstand. Sie wollten das Volk darauf drillen, daß es *ein* Gebot total erfüllte, das leichteste und verständlichste, nämlich: Du sollst den Feiertag heiligen. Sie dachten auch, damit in ein Geschäft mit Gott zu kommen. Sie waren sicher, daß er seinen versprochenen Messias zu ihnen senden würde, wenn alle Juden dieses Gebot der Sabbatheiligung halten würden.

Doch nun kam dieser Zimmermann und erzählte den Leuten was von Freiheit und der Liebe Gottes, was nicht gut für die Moral der Leute war, und er arbeitete auch noch am Sabbat.

Erst versuchten sie, ihn zu ignorieren, aber dann riet ihnen einer: Es ist besser, daß der eine verschwindet, als daß all die anderen Juden von ihm noch verdorben werden.

Also überlegten die Rechtsanwälte und Theologen, wie sie Master Jesus loswerden konnten. Sie lauerten ihm auf, um Beweise gegen ihn zu sammeln. Als er in die Nähe von Jerusalem kam, wußten sie, daß er morgens in den Tempel zum Beten gehen würde. Sie heckten einen Plan aus, die Rechtsanwälte und Theologen, gegen den er nicht mehr ankommen konnte, wie sie meinten. Schon oft genug hatten sie versucht, ihn mit ihren Fragen hereinzulegen, doch zum Schluß standen sie immer als die Blamierten oder die Gefragten da, die keine Antwort mehr wußten. Aber nun hatten sie ihm eine noch viel geschicktere Falle gebaut.

Damals wie heute gab und gibt es Frauen, die fremden Männern ihren Körper verkaufen. Wir wollen uns jetzt nicht darüber unterhalten, warum es zu dieser Haltung kommt. Da gibt es verschiedene Gründe, und nicht immer sind die Mädchen daran schuld, daß sie auf diesen Abweg geraten. Zu jeder Verkäuferin gehört auch immer ein Käufer.

Eigentlich war bei den Juden damals die Prostitution strengstens verboten. Mose hatte in den Gesetzen feststellen lassen, daß der Mann und die Frau, die dabei erwischt wurden, gesteinigt werden sollten. Eine grauenhafte, eine der übelsten Todesarten. Aber wie es so mit den Menschen ist, sie schlaffen langsam ab und halten die Gesetze nicht mehr ein.

Bei den Juden gab es auch die Prostitution, wenn auch nicht so viel wie hier bei uns in Takoradi. Man konnte für Geld ein Mädchen haben. Die Theologen, die sicher auf der Kanzel genauso dagegen wetterten wie hier bei uns, übersahen aber, was auf der Straße geschah, und unternahmen nichts dagegen.

Ich will ja keinen hier fragen, wie das mit ihm ist. Ich will aber auch nicht uns Frauen als bessere Menschen hinstellen. Ihr wißt, daß ich auch ein Kind habe und keinen Mann. Ich hätte ihn gerne geheiratet, doch er wollte mich nicht. Ich rede also als eine Sünderin zu euch, die aber von ihrem Herrn und auch von euch als Gemeinde Vergebung der Sünde erfahren hat.

Doch wieder zurück zur Geschichte. Der Zimmermann, Master Jesus, saß also auf dem Boden im Vorhof des Tempels und erzählte den Leuten von der Liebe Gottes. Da sausten die Rechtsanwälte und Theologen los. Ich habe nichts gegen Rechtsanwälte und Theologen, aber so steht es in der Bibel.

Sie wußten ganz genau, wo sie die leichten Mädchen finden konnten. Aber ich wundere mich, daß am Morgen dort schon Kunden waren. Ich dachte, die Männer würden am liebsten abends dahin gehen, wenn es dunkel ist. Vielleicht hatten sie auch extra einen Kerl hingeschickt, damit sie ein Mädchen auf frischer Tat ertappen konnten.

Auf jeden Fall drangen die frommen und gebildeten Herren in die Hütte einer Prostituierten ein, wobei sie sich nach der jüdischen Lehre verunreinigten, was sehr schlimm war. Sie erwischten das Pärchen mitten im Ehebruch auf der Matte. Den Kerl lassen sie laufen, der ja auch Ehebruch begangen hat, aber die Frau nehmen sie mit. Das ist die Solidarität der Männer, ihr Frauen. Wir Frauen klatschen über andere Frauen, doch die Männer halten zusammen, die sagen nichts über die Liebesaffären anderer Männer. Sie übersehen das. Stellt euch mal das Bild von damals vor, versetzt das mal hierher nach Takoradi. Es wäre so, als würden der katholische Bischof von Cape Coast, unser Pastor, unser Rechtsanwalt Charles, der Richter und all die anderen Herren in ihren Talaren und die Juristen mit ihren Perücken in die Monte Carlo Bar reinstürmen und bis hinten in die Verschläge vordringen, wo die sogenannte Liebe immer noch stattfindet. Und dann würden sie die Frau quer durch die Stadt und über den Markt bis in die große katholische Kirche oder in unsere Blechkirche treiben.

Die Leute auf der Straße, die da so herumlungern, sind ja für jede Aufregung dankbar. Sie rennen und schreien mit, auch wenn sie gar nicht wissen, worum es da geht. Als sie die Rechtsanwälte und Priester ›Steinigt sie!‹ schreien hörten, da schrien sie mit. Ob sie selbst schon einmal in der Monte Carlo Bar gewesen waren oder nicht, sie schrien einfach mit. Und die Frauen ebenfalls, unter ihnen bestimmt auch Prostituierte, die von sich ablenken wollten.

Wenn man so schreit, dann wird man auch richtig empört. Man fühlt sich soviel besser und sucht nur nach einem Feind, der an allem schuld ist.

Das Mädchen, das sie aus ihrer Hütte herausgerissen hatten, wußte gar nicht, was los war und warum man gerade sie geschnappt hatte. Sie tat es doch jede Nacht, und keiner hatte sie bisher daran gehindert. Sie tat es nicht nur aus Lust. Sie war ausgehungert in die Stadt gekommen, hatte nach einer Arbeit gesucht, war von einem Herrn geschwängert worden, der sie dann aus dem Haus jagte. Sie hatte das Kind zur Welt gebracht und mußte es ernähren. Dann traf sie einen jungen Mann, der versprach, sie zu heiraten. Als dann aber das zweite Kind ankam, tat er es doch nicht. Und nun hatte sie zwei Kinder und keine Arbeit; keiner wollte sie zur Frau haben, und sie mußte zusehen, daß sie ihre beiden Kinder und sich ernährte.

Ich sehe, wie der Pastor seinen Kopf schüttelt. Ich weiß, das steht so nicht in der Bibel. Vielleicht tat das Mädchen es einfach aus Lust. Ich weiß es nicht. Aber es gibt nur wenige, die es nur aus Lust tun, das weiß ich vom Krankenhaus her. Jede Frau möchte Kinder und einen Mann haben, ich auch. So sind wir gemacht worden, aus seiner Rippe.

Die junge Frau wurde aber in den Vorhof des Tempels geschleppt, was auch verboten war. Doch die Theologen und Rechtsanwälte störte das im Augenblick nicht.

Jetzt hatten sie den frechen Zimmermann in der Falle. Würde er der Steinigung zustimmen, würde das Volk rufen: ›Was ist das für ein Unmensch, dieses kleine Mädchen wegen so einer Kleinigkeit töten zu lassen: Von ihm können wir nichts anderes erwarten als von den andern Rabbis.‹

Ließ er das Mädchen laufen, würden die Rechtsanwälte, Theologen und auch die Hausfrauen toben: ›Was, und der nennt sich Gottes Sohn und hält noch nicht einmal seine Gebote!? Hat er denn keinen Respekt mehr vor der Moral? Ist er auf der Seite der Huren und Ehebrecher und untergräbt die Moral unserer Gesellschaft? Es ist besser, daß er getötet wird.‹

Als ich die Geschichte las und mich in sie vertiefte, sah ich auch keinen Ausweg für den Zimmermann von Nazareth.

Richtig höhnisch stießen die Theologen und Rechtsanwälte das Mädchen vor ihn und redeten ihn sogar ironisch mit ›Rabbi‹, Master oder Lehrer, an: ›Wir haben diese Frau beim Ehebruch erwischt, auf frischer Tat ertappt. Mose hat uns befohlen, daß eine solche Frau gesteinigt werden muß. Was sagst du dazu?‹

Jetzt mußte Jesus etwas sagen. Jetzt wird die Falle zuschnappen, dachten sie. Doch es kam ganz anders. Der Zimmermann antwortete gar nicht, beugte sich nieder und fing an, mit seinem Finger in den Sandboden zu kritzeln. Tat so, als ob er sie gar nicht gehört hätte.

Aber so schnell gaben seine Ankläger nicht auf. Sie hatten ihn jetzt in der Falle, da wollten sie ihn nicht herauslassen. Also stellten sie ihm immer wieder diese Frage. Sie wollten wissen, was er von dem Gesetz dachte. Wohlgemerkt, nicht von dem Mädchen, sondern von dem Gesetz. Um das ging es ihnen. Wirklich. Sie waren für das Gesetz und gegen ihn und auch gegen das Mädchen. Beide wollten sie für das Gesetz opfern.

Ich muß hier sagen, daß ich nicht für die Prostitution bin. Sonst denkt noch einer, ich würde Reklame dafür machen. Sie ist schlimm, für Männer, für Frauen und Kinder. Ich weiß, wieviel Elend und Krankheiten dort geboren werden. Prostitution ist schlimm, ganz schlimm. Sie ist Sünde. Mose hatte da schon recht. Man sollte sie auch in unserer Stadt unterbinden.

Als Master Jesus immer wieder gefragt wurde, richtete er sich plötzlich auf und sagte zu den Anklägern: ›Wer von euch ohne Sünde ist, der werfe den ersten Stein auf sie.‹

Dann bückte er sich wieder und kritzelte weiter.

Damit hatte keiner gerechnet, daß diese juristische Sache so persönlich werden würde. Sie hatten mit dem Kopf eine Frage gestellt und erwarteten darauf eine Antwort aus dem Kopf. Doch was Master Jesus sagte, traf sie in der Seele, ganz tief in ihrem Gewissen. Dort waren sie unvorbereitet.

Aber jetzt muß ich für die Männer reden. Ich sehe, wie einige Männer lächeln. Nein, nein, ich meine es ernst. Die Rechtsanwälte und Theologen, die so etwas Schmutziges getan hatten, besaßen doch noch ein Gewissen. Und darin wurden sie getroffen. Die Ältesten und Klügsten zuerst. Die hielten ihre Fäuste und Argumente plötzlich zurück. Hier sprach einer zu ihnen, der sich nicht nur in den Büchern auskannte, sondern im menschlichen Gewissen Bescheid wußte. Sie schämten sich. Sie sahen ihre Sünde, ihre Verfehlungen klar vor sich. Als die Ankläger sich zurückzogen, da haute auch das Volk ab. Mit ihrem Gewissen wollten sie sich nicht anlegen.

Als sich der Zimmermann aufrichtete, war keiner mehr da. Nur das Mädchen stand vor ihm. Noch voll Angst vor ihrem Tod, frierend in ihrer sündigen und zerrissenen Kleidung, mit der verschmierten Schminke im Gesicht und den anderen Spuren ihrer üblen Tätigkeit.

Sie hatte noch immer Angst. Doch etwas anderes kam dazu, als Master Jesus sie ansah. Sie fing an, sich zu schämen. Sie hatte keine Angst mehr, oder die war ihr nicht mehr wichtig, aber sie fing an, sich zu schämen, und das war schlimmer. Das wissen wir alle hier in der Kirche.

Dann sah Master Jesus, der Lehrer, der Gottessohn, sie an und fragte: ›Wo sind denn deine Ankläger? Hat dich niemand verurteilt?‹

Darauf antwortete sie schüchtern: ›Herr, niemand.‹ Sie begriff es noch nicht. Sie schämte sich und fühlte sich so schlimm.

Da sagte unser guter Herr zu ihr: ›Dann verurteile ich dich auch nicht. Du kannst gehen. Aber tue es nicht mehr.‹«

Totenstille in unserer Kirche. Esther senkte ihren Kopf.

»Amen«, flüsterte sie dann.

Pater Paul

Paul hatte uns damals den Strick seiner Kutte für unser Kreuz geschenkt. Monatelang lebte er asketisch mitten im Busch, doch wenn er zu uns kam, hatte er Durst. Das wußten wir schon. Eine Flasche Whisky und Eis warteten immer auf ihn. Früher ließen die Missionare sich dieses Getränk als »Missionarswasser« einführen, gut gegen Malaria und sonstige Gebrechen, auch gegen Heimweh; doch dann kamen die Gläubigen darauf und der Zoll, und Paul und seine Kameraden wurden trockengelegt.

Paul hatte auch ein missionarisches Maß für den Whisky entwickelt, mit seiner Streichholzschachtel. Für neue Leute, wie wir am Anfang, legte er eine Streichholzschachtel flach neben unser Glas und schüttete den Whisky bis zu dieser Höhe ein. Wer schon länger als fünf Jahre in Afrika war, bekam eine breit gestellte Streichholzschachtel voll gegossen. Für sich aber und die anderen Brüder, die schon mehr als zehn Jahre im Land verbracht hatten, gab es eine hochgestellte Ladung. Dann duschte sich Paul bei uns und schlief sich aus.

Am liebsten kam er zu Weihnachten auf Besuch. Dann spielte er mit unseren Kindern, genoß unser finnisch-deutsches Fest und war ganz Familie. Natürlich zog er auch mit uns in die Blechkirche, predigte auf Amerikanisch oder in Wa. Während er den Heiligen Abend bei uns feierte, zogen wir am Sonntagmorgen mit ihm in die Kathedrale, wo er die Messe zelebrierte. Es gefiel ihm gar nicht, daß wir sitzenblieben, wenn er die Gläubigen einlud, zum Altar zu kommen. Doch wir kannten die katholische Ordnung, daß Evangelische nicht am Abendmahl teilnehmen durften, und wollten unsere Freunde nicht in Schwierigkeiten bringen.

Dann kam Ostern. Paul war wieder zu Besuch bei uns, stillte seinen Durst, rasierte sich mit meinem Schaum und genoß das Bad, das Karin ihm bereitete. Aber ich merkte, daß er herumdruckste. Er hatte in der Kathedrale die Osternachtmesse zu halten. Ich erzählte ihm, daß wir dann auch in der Blechkirche zusammenkamen.

Als wir uns am Abend trennten, warnte er uns: »Wundert euch nicht, wenn ich bald bei euch erscheine, und nicht allein.«

Wir hatten gerade mit unserer Feier begonnen und sangen so laut und froh, wie wir konnten, von der Auferstehung unseres Herrn. Ich erzählte, wie die Russen es feierten, mit Umarmungen und Küssen und dem Ruf: »Der

Herr ist auferstanden!« und der Antwort: »Er ist wahrhaftig auferstanden.«

Wir wollten gerade damit beginnen, da hörten wir, wie sich über die Straße eine große, vielstimmige Prozession auf uns zubewegte. Paul kam mit seiner Kathedralenbesatzung angezogen und mit allen, die er auf der Straße noch finden konnte. Unsere Blechkirche faßte die neuen Zugänge nicht mehr. Da schlug Paul vor: »Kommt doch zu uns, da ist mehr Platz, da können wir gemeinsam feiern.«

Wir zogen alle mit. Jubelnder Gesang erfüllte die Stadt. Wir tanzten und taumelten vor Freude, und immer wieder die Rufe: »Der Herr ist auferstanden ...« und die Antwort: »Er ist wahrhaftig auferstanden.«

Abschied von Ghana – aber die offene Tür

Nach sieben Jahren in Ghana war unsere Zeit zu Ende. Die Jugendarbeit lief sehr gut, und wir sollten nach Ostafrika gehen, um da auch bei dem Aufbau christlicher Jugendgruppen mitzuhelfen.

Am Sonntagmorgen fuhren wir zur Blechkirche, am Abend sollte die Maschine nach London abheben, mit Anschluß nach Helsinki und Düsseldorf. Wir freuten uns auf unsere Heimat, aber wo war die eigentlich? Karin meinte: »Unsere Heimat ist da, wo wir sind, die Kinder, du und ich. Ganz gleich, in welchem Land.«

Trotzdem fiel es uns schwer, unsere Heimat in Takoradi aufzugeben. Als wir vor der Kirche ausstiegen, trommelten unsere Glöckner »Ännchen von Tharau« auf die Radfelgen und dann den Rhythmus des Deutschlandliedes, den sie von einem Choral her kannten.

Wir standen noch gerührt vor dieser Musikvorführung, als uns schon Mercy und ihre Marktfrauen entgegengeeilt kamen. Dieses Mal wurde ich so richtig abgedrückt. Karin verschwand mit ihrer skandinavischen Taille ganz zwischen den afrikanischen Frauen.

Ich werde noch eine Woche lang nach Takoradi und Accra duften, dachte ich vergnügt. Karins elegantes, aber zurückhaltendes Parfüm kam gegen das der robust schwitzenden Market Mammies nicht an.

Aus einem Blechverschlag kroch der Nachtwächter unserer Blechkirche heraus. Ein intensiver Bibelleser, der früher einmal als Bremser auf Zügen mitgefahren war. Er blinzelte vergnügt in die frühe Sonne, zwinkerte mit den Augen und grüßte laut und dankbar seinen Schöpfer: »Good Morning, God. Ich danke dir für diesen herrlichen Tag und die Musik. You are too good at all.«

Das rührte auch unser Herz, so ein herrliches Pidgin-Englisch würden wir vorläufig nicht mehr hören. Wir mußten nun in Gefilde zurück, wo das Gefühl weniger, aber die Formen und die Grammatik alles bedeuteten.

So lebten die Menschen in Takoradi mit ihrem Schöpfer. Der war überall da. Mit ihm konnten sie reden wie mit ihrem Nächsten, und doch hatten sie einen tiefen Respekt vor ihm. Um einen Menschen hoch auszuzeichnen, sagten sie von ihm: »He is a God fearing man, a God fearing woman.« Das war das höchste, was man über einen Menschen sagen konnte.

Drinnen sangen sie schon, dann zogen wir ein, Karin und ich mit den Ältesten, weil ich predigen und Karin neben mir sitzen sollte. Auch mir hatte man mehr Zeit gegeben. Mittlerweile war mein Englisch so afrikanisiert, daß mich jeder verstand, sogar meinen Kohlenpottakzent.

»Gott ist gegenwärtig«, stimmte der Vorarbeiter vom Hafen an, mit seinem Baß und seiner Überzeugung. Wir fielen draußen ein. Dann hörten uns die drinnen in der Blechkirche kommen; sie erhoben sich, sahen zum Himmel hoch oder schlossen die Augen, und brausend füllte der Choral das Haus und die Umgebung: »Gott ist gegenwärtig, lasset uns anbeten und in Ehrfurcht vor ihn treten ...«

Ich wußte, daß ich lange nicht mehr so singen würde, so eng mit meinen Schwestern und Brüdern verbunden. Ob ich Gott in Europa so nahe fühlen würde? Ich hoffte es. Er war so nahe, wie ich es vorher nie fassen konnte. Vorher bewegte ich ihn in meinen Gedanken, in meinem Glauben, nach Luther und Paulus, doch hier spürte ich ihn.

Er füllte unsere Herzen und die Blechkirche. Wieder einmal ertrank der eifrige Organist in meinem Hochzeitsanzug und mit seinem Harmonium in unserm Gesang. Aber das störte uns nicht. Wir beteten an, wir wurden erhoben.

Dann bekannten wir vor unserem Herrn unsere Schuld, und sie wurde uns vergeben.

Der Text der Predigt, der in sieben Sprachen verlesen wurde, von Karin auch in Finnisch, war aus der Offenbarung, Kapitel 3, Vers 8: »Siehe, ich habe vor dir gegeben eine offene Tür, und niemand kann sie zuschließen.«

Der Pastor erwähnte noch: »Heute predigen wir nur in Englisch. Sicher wird nicht jeder Fritz ganz genau verstehen, aber dann wird euch der Heilige Geist schon helfen, von dem unser Herr versprochen hat: Wo zwei oder drei in meinem Namen versammelt sind, da bin ich mitten unter ihnen.«

»Amen«, riefen alle.

Dann fing ich an zu erzählen: »Ich muß an einen anderen Abschied von euch denken, als wir nach Amerika gingen, Karin und ich. Wir studierten damals in Chicago. Unsere Missionsgesellschaft hatte uns dafür ein Jahr Zeit gegeben und ein Stipendium für mich. Wir haben euch ja schon viel von diesem Jahr berichtet, aber heute will ich etwas erzählen, was ganz wichtig ist und was ihr noch nicht gehört habt.

Ich wollte in Amerika mehr über das menschliche Verhalten in Gruppen erfahren, während Karin gerne schwierige Kiefernoperationen durchführen wollte. Sie hatte es nicht leicht. Mit ihr spezialisierten sich in einem kleinen Seminar ehrgeizige Zahnärzte, die sich in der Chicagoer Ambulanz gegenseitig die schwierigsten Operationen nach Schlägereien und Autounfällen wegschnappten. Karin mußte lernen, sich durchzusetzen. Morgens arbeitete sie in der Klinik und im Hörsaal, nachmittags in einem Hotel als Kellnerin. Zuerst wurde sie dort als Zimmermädchen zum Bettenmachen und Putzen angestellt, doch dann meinte die Chefin, sie könne mit ihrem freundlichen Wesen, ihren Sprachen und ihrer «Besteckkenntnis» besser beim Servieren helfen. Also wurde sie dort tätig, wo sie mehr Trinkgelder als Lohn einnahm. Wenn sie abends nach Hause kam, fiel sie ins Bett. Oder wollte es, doch da waren noch unsere Kinderchen, die nun endlich etwas von ihrer Mutter haben wollten. Tagsüber brachten wir sie im Hort und im Kindergarten unter.

Als ich nach Amerika kam, war ich eigentlich für ein Universitätsstudium gar nicht qualifiziert. Ich besaß kein Abitur. Doch ich hatte sehr viel gelesen und mich selbst weitergebildet. Als die Professoren mich abfragten und meinen IQ feststellten, meinten sie erstaunt: ›Sie sollten eigentlich hier Ihren Magister machen.‹

Ich war sehr erstaunt. Voraussetzung für den Magister in Amerika sind mindestens fünf Jahre Studium, doch sie meinten: ›Ihr Wissen und Ihre Erfahrung reichen. Wenn Sie sich voll einbringen, dann schaffen Sie es schon, und wir helfen Ihnen dabei.‹

Ich versuchte es und besorgte mir Stapel von Büchern, die ich lesen mußte. Ich saß in den Vorlesungen und verstand kein Wort. Erst einmal dieses amerikanische Englisch und dann auch noch die Fachausdrücke.

Dauernd war ich mit meinem Wörterbuch beschäftigt,

bei jedem Satz, denn ohne Nachschlagen bekam ich den Sinn nicht zusammen. Wenn ich den Satz verstanden hatte, dann mußte der erst noch in den Zusammenhang des Kapitels, des ganzen Buches und des Fachs gebracht werden.

Ich wollte schon aufgeben, doch als ich sah, wie Karin sich für uns abschuftete, machte ich doch weiter.

Arbeiten gehen mußte ich aber auch. Im Schlachthof, der nicht weit von uns entfernt lag, wurden Männer gesucht, die Rinderseiten aus den Kühlhallen in die Container schleppen konnten. Das tat ich und reinigte die Schlachthallen, in denen die schweren Tiere auch ausgenommen wurden. Das war eine unangenehme und anstrengende Arbeit, aber sie brachte Geld.

Trotzdem reichte es nicht. Karin und ich nahmen bis auf die Knochen ab, doch für die Kinder hatten wir immer genug zu essen. Die Heizung konnten wir nur stundenweise anstellen, trotz des mörderischen Chicagoer Winters draußen, der bitterkalt bis in unser Zimmer kroch, Eisblumen über unsere Fenster zog und eine Eiskruste über alle Gegenstände, an denen etwas Feuchtigkeit klebte. Eisblumen sind wie durchsichtige Bilder am Fenster. Ihr kennt sie nicht. Sie sehen sehr schön aus, aber in unserer Wohnung war es dabei so kalt wie im Kühlschrank.

Wir wußten nicht, ob wir es schaffen würden, und fanden oft, daß der Einsatz zu hoch sei. Wir kamen zu nichts mehr, nur noch zum Arbeiten und zum Studieren, und merkten nicht, ob Sonntag oder Alltag war. Unser geistliches Leben war auch erstorben. Am Abend konnte ich nur noch ein paar Gebetsfetzen stammeln, dann war ich schon eingeschlafen.

Wir hausten zusammen in einem Zimmer. Dort schliefen wir vier auf Matratzen. Außerdem gab es noch eine Kochnische, mit einem Klapptisch. Dort arbeiteten Karin und ich abwechselnd und studierten. Ich war immer ganz früh morgens dran, während sie am liebsten am späten Abend ihre Aufgaben erledigte.

So rappelte auch an einem sehr frühen, eiskalten Novembermorgen mein Wecker. Ich wollte nicht aufstehen, ich war noch nicht ausgeschlafen, und es war so kalt. Aber trotzdem quälte ich mich hoch, stellte mich unter die eiskalte Dusche, um wenigstens richtig wach zu werden und einen klaren Kopf zu bekommen. Ich zog mich schnell warm an. Karin hatte uns für den Winter bei der Heilsarmee eingekleidet mit dem, was andere Leute weggeworfen hatten, doch die Sachen waren noch sehr gut.

Wir wohnten in einem Studentenwohnheim der Baptisten. Fromme Leute lebten um uns herum, doch wir galten als Heiden, weil wir nicht ihre fromme Sprache redeten. Wer von den Studenten dort nicht so ganz dazugehörte, hielt sich zu uns. Oft saßen bei uns welche herum, besonders Schwarze, denen wir immer wieder von ihrer Urheimat Afrika erzählen mußten.

Draußen lag dicker Schnee. Alles sah weiß aus, man konnte die Erde nicht mehr sehen. Ein frühes Auto rutschte über die glatte Fahrfläche und kam kaum voran. Wie sollte ich Karin später zur Schule bringen, mit unserem uralten Auto, und rechtzeitig zur Klausur, die an diesem Morgen in Statistik geschrieben werden mußte, in der Universität sein?

Wenn ich schon an diese komplizierte Statistik dachte, wurde mir fast übel, und ich wollte aufgeben. Sadistik nannten die Studenten dieses Fach, das von einer rücksichtslosen Professorin gelehrt wurde. Sie ließ achtzig Prozent der Studenten durchfallen. So mußten die meisten drei-, viermal dieses Fach durchnehmen, um es zu schaffen.

Mit Frühstück war auch nichts. Im Korb gab es nur noch einen Kanten altes Brot, doch der war für die Kinder. Ihr wißt ja alle hier, was Hunger ist. Der tut weh.

Ich hockte mich an den Klapptisch und starrte in das Statistikbuch. Ich wollte die Formeln wiederholen, doch ich bekam sie nicht in den Kopf hinein.

Dann versuchte ich es mit den amerikanischen Verhaltensforschern, die alles in Formeln bringen wollen. Darüber mußte ich am Nachmittag ebenfalls Bescheid wissen. Aber auch dort gelang es mir nicht, die Gedanken und noch weniger die Formeln zu begreifen.

Ich lehnte mich zurück, ich konnte nicht mehr. Ich wollte heulen, aber die Tränen kamen auch nicht. Ich war ganz trocken innerlich. Wo sollte ich mir Trost holen? Karin schlief. Sie brauchte ihren Schlaf. Am liebsten hätte ich irgendein starkes Zeug getrunken, aber morgens und dann noch ans Steuer?

Ich suchte nach einem leichteren Buch; dabei fiel mir ein kleines Heft in die Hand, das mir ein wohlmeinender Bruder noch in Deutschland geschenkt hatte. Es waren die Losungen für alle Tage des Jahres, Sprüche aus dem Alten und Neuen Testament mit einem Liedvers. Ich hatte es schon lange nicht mehr angeguckt, weil ich es zu einfach fand; es hatte keine Beziehung zu meinem Studium, meinte ich.

Aber an jenem Morgen schlug ich die Losungen doch auf und suchte nach der dieses Tages.

Ich fand sie. Da stand: ›Siehe, ich habe vor dir gegeben eine offene Tür, und niemand kann sie zuschließen.‹

Ich schreckte auf. Das betraf mich, uns. Mich traf dieses Wort nicht im Kopf, sondern viel tiefer.

Mensch, hoffte ich, wenn das wahr ist ...

Aber das blieb so da stehen und auch in mir. Auf einmal hatte ich das Gefühl: Das ist für uns geschrieben, für Karin, für die Kinder, für mich.

Ich sprang auf, lief zu Karin hinüber und weckte sie.

›Warum?‹ Sie wurde böse. ›Laß mich doch schlafen. Ich habe bis in den Morgen gepaukt, und Tina hat eine Erkältung, und ich mußte zweimal aufstehen.‹

›Karin, wir haben eine Zusage. Es geht doch weiter!‹ rief ich.

Sie verstand nicht. Aber sie kannte mich. Ich war immer der Optimist, der leicht zu Begeisternde in der Familie, bei dem auch schnell die Fantasie überschäumte. Deshalb war sie vorsichtig.

›Was ist denn nun?‹ fragte sie, weil sie schnell weiterschlafen wollte und auch mußte.

Ich erklärte ihr das mit der Losung. Sie sah mich erstaunt an und begriff immer noch nicht ganz.

›Karin, ich werde mich darauf verlassen. Das ist eine Zusage. Du glaubst doch auch an Gott.‹

›Aber nicht so‹, antwortete sie.

Doch ich gab nicht auf. ›Ich hab das so gespürt. Das war eine Zusage. Das war so wie in der Blechkirche, wenn wir ›Gott ist gegenwärtig‹ gesungen haben. Ich kann es nicht erklären. Aber wir machen es, wir verlassen uns darauf.‹

Sie sah mich an, sie sah, daß ich es ernst meinte.

›Ok‹, antwortete sie.

Ich riß einen Zettel aus meinem Notizbuch und schrieb den Spruch in Druckbuchstaben darauf. Dann klebte ich ihn an die Wand vor mir, über dem Klapptisch, und fing an zu pauken. Es ging besser. Ich kriegte die Formeln in den Kopf rein und verstand, was der Verhaltensforscher eigentlich wollte. Ich fuhr Karin sicher zur Schnellbahn. Die Statistikklausur wurde mit einer zwei erledigt, unglaublich. Mit einem neuen Selbstbewußtsein machte ich den Tag.

Ich betete wieder und pfiff Choräle, wenn auch falsch. Karin kam todmüde von der Arbeit, doch ich richtete sie auf.

Aber später, als wir gegen Abend zu Hause saßen, da fing es wieder an, trübe zu werden, nicht nur draußen, sondern auch drinnen. Da hatten wir Hunger und wußten nicht, wie es weitergehen sollte.

Wir saßen am Klapptisch, da wurde an unsere Tür geklopft. Sicher einer von den Studenten, der etwas von uns wollte. Doch als ich öffnete, stand ein Mann vor mir, den ich erst nicht erkannte. Dann stellte sich heraus, daß es sich um den Beamten handelte, der in New York die Sache mit dem Stipendium entschied. Seine kühlen Briefe, mit denen er eine Erhöhung abgelehnt hatte, hatten in uns keine angenehmen Gefühle geweckt.

Doch jetzt stand er in unserem Zimmer und trug zwei große Papierbeutel, wie es in Amerika üblich ist. Plastikbeutel werden nur ganz selten benutzt. Er begrüßte uns freundlich, hatte aber keine Zeit, sich zu setzen, weil er gleich noch zu einer Sitzung an die Universität mußte.

›Ich bin nur mal eben hier vorbeigekommen‹, sagte er, ›auf dem Weg zum Flugplatz. Da habe ich auch noch etwas eingekauft, damit Sie sich einen netten Abend machen können.‹

Auf einmal war es so wie Weihnachten. Und er war der Weihnachtsmann, mitten im November. Er stellte eine Whiskyflasche auf den Tisch und eine Flasche Sekt für Karin. Aber er hatte auch daran gedacht, daß wir Hunger hatten. Es gab Brot, Butter, Käse und Wurst. Für die Kinder Süßigkeiten. Sogar eine Kerze hatte er mitgebracht, damit es ein wenig feierlich in unserer Wohnung würde. Ehe wir alles so richtig begriffen, war der Mann schon wieder weg.

›Das ist heute das zweite Geschenk‹, sagte ich.

Nun nickte auch Karin.

Wir wollten gerade mit dem Feiern beginnen, hatten den ersten Schluck schon getan und uns freundlich zugeprostet, Karin mit ihrem Sekt, ich mit dem steifen Whisky, da wurde wieder an unsere Tür geklopft. Aber dieses Mal kam nicht ein neuer Weihnachtsmann, sondern ein schwarzer Student, der genausowenig besaß wie wir. Der feierte mit. Dann holte er noch einen armen Hund, und bald war unsere Bude voll, die Flaschen leer und das Brot und der Belag in den Mägen verschwunden, nachdem Karin noch reichlich für die Kinder reserviert hatte.

So haben wir also unseren Familienspruch, den von der offenen Tür, kennengelernt.

Als ich wieder nach Deutschland zurückkam, stolz mit meiner Magisterwürde und Karin mit ihrer Kieferspezialisierung, fragte mich die Jugendgruppe einer Kirchengemeinde, ob ich dort am Jugendsonntag predigen würde.

›Kann ich doch nicht hier in Deutschland‹, gab ich zu bedenken, ›in Afrika klappt es gut, aber hier bin ich nicht qualifiziert. Außerdem kann ich nur Geschichten erzählen.‹ Aber genau die wollten sie hören.

Ich sagte zu und gab als Text unseren Familienspruch an.

An einem Sonntagmorgen fuhr ich hin. Mir war es ganz mulmig zumute. So ein richtiger, offizieller Gottesdienst. Die Glocken läuteten sogar, richtige, aufeinander abgestimmte. Ich dachte, ich würde mich am liebsten oben auf der Kanzel verkriechen. Die Leute sahen so ganz anders hoch als hier in Takoradi, so kritisch.

Doch die Jugendlichen fingen mich noch vorher ab, zogen sich mit mir in einen Kindergarten nebenan zurück, wollten dort erst einmal beten. Das brauchte ich auch dringend.

Anschließend mußte ich noch zur Toilette, vor lauter Aufregung. Und dort vergaßen sie mich. Sie waren auch aufgeregt, denn der Pastor und der Kirchenvorstand sahen sehr kritisch auf diese neue Art von Gottesdienst und würden ihn bei dem kleinsten Fehler bestimmt nicht wieder zulassen.

Ich wollte über unseren Familienspruch mit der offenen Tür und unsere Erlebnisse in Takoradi und Chicago erzählen. Doch nun hatten sie mich eingeschlossen. Alles war zu, und die Fenster des Bungalows waren vergittert. In diesen Kindergarten war schon oft eingebrochen worden, wurde mir später erzählt. Jugendliche hatten ihn als Rauch- und Drogenbude benutzt. Ich suchte nach einem Ausgang, doch alles war verschlossen und vergittert.

Das Glockengeläut für den Gottesdienst klang schon aus. Drinnen fingen die Posaunen an. Was würden die Jugendlichen wohl von mir denken? Sicher nahmen sie an, daß ich abgehauen war. Und dann sollte ich über die offene Tür reden! Ich suchte nach einer und fand sie nicht.

Ich war so aufgeregt. Aber dann sah ich etwas, eine Luke oben im Dach. Durch die konnte ich mich gerade so herauszwängen, sprang vom Dach und lief zur Kirche hinüber.

Ich konnte ihnen von der offenen Luke erzählen. So ist es, liebe Freunde. Gott gibt uns immer einen Zugang, zu sich, zum Nächsten, zu uns selbst, aber die offene Tür ist nicht immer da, wo wir sie erwarten. Es ist auch nicht immer eine große Tür, es kann auch eine Luke sein.

Bei euch habe ich eine offene Tür gefunden, zu unserem Gott, zu euch. Ich danke euch dafür. Ich werde es nie vergessen. Hier waren wir nie allein oder eingeschlossen. Hier haben wir Gott und unsere Schwestern und Brüder erlebt . . .«

Ich konnte nicht mehr weiterreden. In der Kirche fingen schon einige zu heulen an.

»Amen«, wurde schnell gerufen.

Am Abend flogen wir.

Sterbejahre für Ghana

Aus dem Traum des Befreiers, ersten Präsidenten und Retters von Ghana, Kwame Nkrumah, wurde nichts. »Trachtet als erstes nach dem politischen Reich, dann wird euch alles andere zufallen.« Bei der Politik vergaß er nämlich das Geld und die Wirtschaft.Er gab nur aus und dachte hauptsächlich an sich und seine Partei. Politiker werden ja leicht so, und alle andern Menschen natürlich auch, wenn es keine Opposition mehr gibt. Die gab es in Ghana nicht, weil er sie eingesperrt hatte.

Als er einmal nach Peking flog, um sich dort von den Chinesen feiern zu lassen, das war sowieso sein Hobby, sich feiern zu lassen, da putschten die Generäle in Accra und nahmen die Macht an sich. Bei ihren gegenseitigen Beförderungen und Salärerhöhungen vergaßen sie jedoch die Obersten und Majore. Also putschten diese und jagten die Generäle davon.

Durch die Offiziere fühlten sich aber die Unteroffiziere und Leutnants übergangen, also fegten sie auch diese Vorgesetzten weg und regieren im Augenblick noch. Ziemlich brutal kamen sie an die Macht, aber heute scheinen sie sich beruhigt zu haben.

Zwischendurch gab es auch noch Wahlen und einen Ansatz von Demokratie. Doch da die neue Regierung wieder mit den Politikern der ersten Stunde anfangen wollte und ihnen die Korruption vergab, war von Demokratie bald nichts mehr zu merken.

Die Monokultur des Kakaoanbaus und -exports brach zusammen. Immer mehr Länder bauten Kakao an und verkauften ihn immer billiger. Ghanas Mahagoniwälder waren von den ghanaischen Regierungen gemeinsam mit uns Europäern abgeholzt worden. Die Wüste wurde größer und größer. Regenzeiten blieben aus.

Die Menschen hungerten und starben. Furchtbare Jahre kamen für das Land.

Wir waren inzwischen nach Ostafrika umgezogen und blieben dort zehn Jahre. Da war kaum etwas von Ghana zu hören. Wir dachten zwar noch oft mit Sehnsucht an unsere Freunde und die Blechkirche zurück, weil es so etwas im Osten Afrikas leider nicht gab, aber sonst waren Karin und ich eifrig dabei, unsere Arbeit zu tun und die Kinder zu erziehen.

Ich wurde auch befördert. Weil meine Schulungsarbeit

für christliche Mitarbeiter in der Jugendarbeit in Ostafrika so gut lief, holte man mich in eine internationale Organisation nach Genf, von wo aus ich durch die ganze Welt jetten konnte. Sicher, das machte mir Spaß, ich lernte viele neue Freunde kennen, die ich sehr gern mochte; doch mit meinem Chef kam ich überhaupt nicht klar. Wir hatten völlig verschiedene Ansichten, und er setzte alles daran, mir das Leben zu vermiesen. Bei jeder Rückkehr nach Genf lag auf meinem Schreibtisch eine üble Bemerkung oder eine widerliche Anordnung von ihm. Karin fand keine Arbeit, und zum ersten Mal in unserem Leben wurden wir von den Behörden wie lästige Ausländer behandelt.

Nur noch ganz selten kamen Briefe aus Ghana an. Der Wechsel meiner Adressen war nicht bis nach Takoradi gedrungen, und dann klappte es dort mit der Post auch nicht so wie bei uns.

Von Genf kehrten wir wieder nach Deutschland zurück. Wir wohnten schon in Düsseldorf, da kam plötzlich Besuch aus Ghana: Unser Freund Charles, Rechtsanwalt aus Takoradi, ein bekannter Mann in Ghana, der in Oxford Jura studiert hatte und später Justizminister in Accra wurde. Er riskierte es schon unter dem Nkrumah-Regime, sich für politisch Verfolgte einzusetzen, und verteidigte jeden, der ihn darum bat. Das verschaffte ihm bei jedem Machtwechsel neue Feinde unter den Regierenden. Immer wieder sperrten sie ihn ein. Wenn dann eine neue Regierung an die Macht kam, verteidigte Charles wieder seine vorigen Peiniger. Er war eben durch und durch Anwalt.

Ganz besonders spielten ihm dann die Soldaten mit, die zum Schluß die Macht übernahmen. Sie mochten den klugen Mann nicht, prügelten ihn durch die Stadt und ließen ihn im Gefängnis hungern. Als ihn endlich eine Amnestie befreite und das Land sich beruhigte, flog er nach England, um sich dort gründlich untersuchen zu lassen und zu erholen.

Auf dem Weg dorthin kam er bei uns vorbei. Ich holte ihn vom Flugplatz ab. Charles sah furchtbar aus. Ich erkannte ihn kaum wieder. Sein Gesicht war eingefallen, eine böse Narbe lief über die rechte Gesichtshälfte. Er stützte sich auf einen Stock. Er trug noch immer seinen dunklen Anzug, korrekt wie ein englischer Gentleman. Daran erkannte ich ihn auch, und an seinem Blick, der sich nicht verändert hatte, über das alles erhaben, was man ihm angetan hatte. Es war ein freundlicher Blick, geprägt von den Gottesdiensten der Blechkirche.

Karin hatte kräftig eingekauft. Er aß sich satt und schlief sich aus. Wir gingen am Rhein entlang spazieren; ich nahm ihn zu meinen Vorträgen mit, wenn er Lust hatte.

Zwischendurch machte er sich Gedanken darüber, warum es in Ghana zu dieser Katastrophe gekommen war.

Traurige Rückkehr nach Ghana – aber Mexiko

In Deutschland war ich für die internationale Arbeit des Christlichen Vereins Junger Menschen (CVJM) tätig. Die Arbeit machte mir Spaß. Dazu gehörten auch wieder Reisen ins Ausland. Als ich sowieso nach Westafrika mußte, gestattete mir mein Vorstand, auch Ghana zu besuchen.

Nach achtzehn Jahren landete ich wieder in Accra. Schon turbulente Zustände auf dem Flugplatz. Betrunkene und bewaffnete Soldaten überall, die Zigaretten und Dollars forderten. Einer Frau durchstachen sie mit ihren Bajonetten den Koffer, weil sie sich weigerte oder besser gesagt zögerte, den Soldaten einen »dash« zu geben, Schmiergeld.

Der Feldwebel an der Tür ließ mich durch, als ich ihm zwei Päckchen Zigaretten gab. Früher wurde in Ghana kaum geraucht, doch nun schienen Zigaretten die Währung und das Statussymbol geworden zu sein.

Ich hatte nur einen Seesack mitgenommen, weil ich ahnte, daß Transport und Unterkunft schwierig werden würden.

Draußen wartete mein Freund Mexiko, nur noch ein Schatten seiner selbst, ein Skelett in Lumpen, mit Löchern zwischen den Zähnen, aber doch mit einem mächtigen Strahlen im schwarzen Gesicht. Wir fielen uns um den Hals. Ich fühlte nur Knochen bei ihm. Er konnte sich kaum noch auf den Beinen halten, so ausgehungert war er.

Mitten in dem Trubel von Passagieren, Bettlern, Trägern und Taschendieben setzten wir uns auf eine Treppenstufe, und ich packte eine Dauerwurst, Brot und zwei große Büchsen Milch aus.

Mexikos Augen begannen zu leuchten. Aber dann wehrte er ab: »Erst mal Gottes Wort lesen, Bruder.«

Aus dem Beutel, den er bei sich trug, zog er ein zerlesenes Buch. Zettel und Papierfetzen fielen heraus, die ich schnell auflas, denn ihm wurde schlecht, als er sich danach bücken wollte.

»Ich lese dir das vor, was du mir damals vorgelesen hast, drüben in Chorkor«, sagte er.

Es war die Geschichte von der Speisung der Fünftausend. Das klang fast wie Hohn in dieser Situation in Ghana mit hungernden und sterbenden Menschen überall. Um uns herum lagen sie und kamen kaum noch auf die Beine.

Ja, so war es damals gewesen, als ich in Accra meine Arbeit begann. Eine Jugendbande ernannte mich zu ihrem Pastor. Jeden Sonntag erschien ich bei ihnen, wir setzten uns unter einen Baum, und ich erzählte ihnen »Massa Jesus Stories«. An einem Morgen jene von der Speisung der Fünftausend. Danach kam Mexiko, der Bandenchef, zu mir und meinte: »Das sind schöne Geschichten, die du uns erzählst. Wenn wir den ganzen Tag auf die Geschichten von Massa Jesus hören, meinst du, daß wir dann was zu essen kriegen?«

Ich verwies darauf, daß es ja schon zweitausend Jahre her sei, seit diese Geschichte passiert war.

»Aber warum erzählst du sie uns denn heute?« fragte er mich zurück.

Ich wußte keine Antwort darauf. Ich kam mir sehr klein und schäbig vor, damals. Jetzt hatte ich den Jungen schöne Geschichten erzählt, ihnen aber nicht geholfen, satt zu werden und eine Arbeit zu finden. In meiner Verlegenheit sagte ich zu Mexiko, wir sollten noch einmal die Geschichte lesen. Und dabei gingen mir die Augen auf. Ich las einen Satz, den ich vorher übersehen hatte. Als die Jünger von ihrem Meister erwarteten, daß der nun ein Wunder »abziehen« sollte, antwortete er ihnen: »Gebt ihr ihnen zu essen.« Und erst als sie anfingen, den Hungernden zu helfen, geschah das Wunder.

Nun sagte Mexiko auf der Treppe am Flughafen, mit der Bibel auf seinen dürren Knien: »So ist dann auch das Wunder bei uns passiert. Wir haben mit der Werkstatt angefangen. Wir haben unsere Tische und Stühle verkauft. Das brachte soviel Geld ein, daß wir satt wurden. Wir konnten die große Berufsschule bauen, und ich bin wiedergeboren worden. Halleluja.« Dann aßen wir auf der Treppe am Flughafen. Mexiko kaute jeden Bissen langsam und andächtig. Er wollte möglichst lange etwas davon haben.

Anschließend suchte er krampfhaft nach einem Fahrzeug für den Weg vom Flugplatz in die Stadt, doch die Preise, die gefordert wurden, konnte er nicht bezahlen. Ich wollte es tun, doch das erlaubte er nicht.

Am Ende beschlossen wir, einen Pilgermarsch zu der Straße zu machen, wo wir uns zum ersten Mal begegnet waren. Es war ein langer Weg durch die Stadt, die zerfiel. Die Häuser fielen in sich zusammen, die Menschen hungerten. Es stank bestialisch, weil keiner die Abfälle beseitigte und die Kübel in den Häusern überquollen.

Schließlich saßen wir unter dem Baum, wo alles begonnen hatte, unsere Begegnung und die mit Gott.

»Damals ist ein Wunder geschehen«, sagte Mexiko, »wir warten heute auch auf eins. Aber wir müssen auch was tun, ich weiß es. Das fällt uns so schwer. Wir haben uns immer auf die anderen verlassen, auf die Regierung, auf Entwicklungshilfe. Wir haben es nie selbst versucht. Und jetzt sind wir zu schlapp.«

Dann gingen wir zu Mexikos Hütte. Mittlerweile hatte er geheiratet. Ich kannte seine Frau als Mädchen, da war das eine Kesse gewesen. Nun hatte sie auch drei Kinder. Von ihrem Mund hatten sie sich das Essen für mich abgespart. Sogar eine Flasche Bier hatte Mexiko mir besorgt. Die besaß keinen Korken mehr, sondern war mit Papier zugestopft worden. Natürlich war in der Zwischenzeit die Kohlensäure daraus entwichen. Ich trank das Bier aus Mexikos Zahnputzglas, an dem noch die Zahnpasta klebte, aber das machte mir nichts aus. Nach dem Essen durfte ich endlich meine Sachen für die Familie auspacken, und sie aßen sich satt, zum ersten Mal seit Jahren.

»Fritz, wir müssen wieder einmal mit einem Wunder anfangen«, sagte Mexiko. »Wir müssen anfangen. Gott will uns sicher helfen. Aber wir sind so schlapp, und alles sieht so hoffnungslos aus.«

Die Kinderstation

Am nächsten Tag ging Mexiko mit mir zur Kinderstation, wo Esther aus der Blechkirche als Krankenschwester des Regierungskrankenhauses arbeitete. Bevor sie von Takoradi nach Accra ging, hatte sie Karin geholfen, bei schwierigen Zahn- und Kieferoperationen assistiert und die Kinder und Eltern beruhigt. Karin hatte mir für sie eine Kiste mit Medikamenten und Verbandszeug mitgegeben.

Früher war das Regierungshospital am Rande der Hauptstadt eine Perle zum Vorzeigen gewesen. Es hatte am Ende einer breiten Avenue gelegen, einer schönen Allee mit großen alten Bäumen. Von diesen Prachtexemplaren waren nur noch Stümpfe vorhanden. Stämme und Äste waren längst abgehackt und verfeuert worden. Die Asphaltdecke zerfiel, und in den Löchern hatten sich Abfalllachen gebildet. Die offenen Abflußrinnen waren auch verstopft und stanken.

Vor dem riesigen Portal, wo sich sonst die Mammies und Mädchen mit ihren Schüsseln, Öfchen und Imbißangeboten drängten, hatten sich nun die Sargbauer breit gemacht. Sie boten alle Sorten von »Särgen« an: leere Zementsäcke, Kisten, aber auch Prachtstücke von Särgen, die so aussahen, als ob sie sie irgendwo auf dem Friedhof ausgegraben hätten. Wie Marktschreier boten sie ihre Waren an, gaben aber auch bekannt, daß sie jeden Menschen für ein paar Pullen Bier oder zwei Schachteln Zigaretten unter die Erde bringen oder für einen etwas höheren Preis verbrennen würden.

Noch schlimmer war, daß diese angetrunkenen Krakeeler auch noch von weinenden und schluchzenden Leidtragenden umgeben waren.

Einen Augenblick sah ich eine ganz junge Frau mit ihrem toten Kindchen auf dem Arm. Hilflos stand sie da und weinte so herzzerbrechend, daß sogar die rauhen Totengräber ihr zärtlich das Kind abnahmen und nichts dafür verlangten.

Drinnen war es ebenfalls schlimm. Menschen drängten sich im Empfang oder lagen einfach auf dem Boden, blutend, röchelnd, sterbend. Schwestern und Ärzte standen herum, wußten nicht, wie sie helfen sollten.

»Wir haben noch nicht einmal Spritzen«, versuchte sich ein Arzt bei den bettelnden Kranken zu entschuldigen.

Ein anderer Arzt saß an einem wackeligen Tisch und

schrieb Rezepte aus. Auf Papier, das ihm eine Schwester von einem Bogen abschnitt, der nur einseitig bedruckt war.

Er gab den Patienten das Rezept und sagte: »Wir haben keine Medikamente hier im Krankenhaus. Auch die Apotheken sind leer. Du mußt sehen, daß du sie auf dem schwarzen Markt findest oder nebenan in Togo.«

Aber wie sollten die normalen Kranken den Schwarzmarktpreis zahlen und wie über die geschlossene und stark bewachte Grenze ins Nachbarland Togo kommen? Nur eine schwere Bestechung konnte einen Soldaten dazu bringen, den Grenzgänger laufen zu lassen. Den Ärzten tat diese Situation auch leid, aber sie wußten keinen Rat.

Früher einmal war das Krankenhaus peinlich sauber gehalten. Doch nun stapelte sich der Abfall überall. Fette Ratten bewegten sich frei über die Gänge, weil die Menschen zu schwach waren, sie zu verfolgen. Rattengift gab es auch nicht mehr. Schlangen vermehrten sich und zischten und züngelten aus jeder Ecke hervor. Mäuse als Nahrung fanden sie reichlich.

Da die Wasserversorgung nur hin und wieder funktionierte, standen und lagen die Geräte des Krankenhauses herum, Operationsbestecke, Teller, Schüsseln und vor allem blutbefleckte Tücher und schmutzige Verbände.

Am schlimmsten sah es in den Abflußrinnen aus. Dort warf man alles hinein. Die Menschen waren so lethargisch; sie lehnten sich gegen nichts mehr auf.

Die Kranken lagen überall herum wie nach einer großen Schlacht. Betten gab es nur noch für wenige, denn die meisten waren gestohlen worden. Auch das Lichtsystem war zusammengebrochen. Diebe hatten nicht nur die Leitungen, die draußen hingen, gestohlen, sondern auch Kabel aus den Wänden gezogen.

Hilflos stand Esther vor diesem Elend: »Was soll ich tun? Als ich mich nach Accra versetzen ließ, wollte ich hier so richtig lernen und helfen, nun stehe ich da und sehe zu, wie die Menschen elend sterben. Das einzige, was ich noch kann, ist, den Schweiß abwischen, die Hand halten und beten. Das ist alles.«

Doch das erschütterndste war die Kinderstation. Alle Krankheiten waren in einen Raum hineingepfercht worden. »Es ist fast ein Verbrechen«, klagte Esther. »Viele Kinder haben ansteckende Krankheiten, die sich schnell auf andere übertragen. Aber was können wir tun? Die Isolierstation ist hoffnungslos überbelegt und auch nicht mehr geschützt.«

Wer noch ein Bett bekommen hatte, lag entweder auf den Spiralen oder Matratzen, die noch den Schmutz von den Vorgängern zeigten. Da es weder Seife noch Waschpulver in Ghana gab, konnten die Schwestern und die Mütter der Kinder die Matratzen nur sehr oberflächlich säubern.

Doch die leidenden Kinder wurden nicht alleingelassen. Mütter, Geschwister, Verwandte waren immer bei ihnen, Tag und Nacht. Die Mütter litten mit ihnen. Hockten auf dem Bett, schliefen auf dem kalten, schmutzigen Boden. Gläubige Mütter legten die Bibel neben ihre Kinder, schlugen sie auf, trösteten sich und hofften mit Sprüchen aus dem Buch der Hoffnung. Andere hatten vom Jujumann beschworene Talismänner mitgebracht. Früher waren die Ärzte und Schwestern dagegen gewesen. Nun ließen sie die Hilflosen gewähren, denn sie wußten auch keinen Rat mehr.

Vor den Ärzten standen meistens leere Flaschen und Tablettenschachteln. Die Ärzte zeigten den Eltern, wie die Medikamente aussahen, die sie irgendwoher besorgen mußten, wenn das Kind noch gerettet werden sollte. Auf dem Dach der Station hockten die Geier mit ihren kahlen Hälsen und warteten auf den Tod, den sie schon ahnten und der ihnen Beute versprach.

Ich stand hilflos dabei. Was konnte ich tun? Meine Kiste

mit Medikamenten war schon verteilt und verbraucht worden.

Mexiko ging von Bett zu Bett. Er tröstete die Mütter, er legte die Hände auf die Kleinen, betete für sie, bestürmte Gott, hoffte mit ihnen.

Ich kam mir so hilflos vor, wie ein grausamer Tourist, den das alles eigentlich nichts anging.

Eine Schwester trug ein Kindchen aus dem Bett und sagte zu dem Arzt: »Es geht zu Ende.« Der versuchte es noch mit Massagen; er tat geschäftig, obwohl er wußte, daß es nicht mehr helfen würde. Ich betete verkrampft. Dabei bekam ich kaum noch einen Gedanken heraus. Es war zuviel.

»Komm«, sagte Mexiko.

Wir standen vor den Schwestern und den Ärzten.

Esther bat: »Kannst du nichts tun?«

Ich nickte. Ich mußte etwas tun, wenn ich nach Hause kam.

Mexiko bringt mich zum Flughafen zurück

Auf dem Weg zum Flughafen hatte ich nicht mehr viel zu tragen. Ich wollte noch Takoradi besuchen, doch wir konnten keine Fahrgelegenheit auftreiben. Mexiko hatte mir am Schluß eine Maske geschenkt, ein altes, interessantes Stück. Er mußte ein Vermögen dafür bezahlt haben.

Es wurde schon dunkel. Ich machte mir Gedanken um Mexiko, denn bald kam die Sperrstunde, und jeder wurde eingesperrt, den man dann noch auf der Straße traf.

Doch er beruhigte mich: »Ich kenne mich hier aus. Keiner wird mich erwischen.«

Bei der Abfertigung mußten wir unsere Ellenbogen gebrauchen. Mexiko schob sich mit mir durch alle Kontrollen und veranstaltete jedesmal ein großes Palaver, wenn man ihn zurückhalten wollte.

»Mexiko«, fragte ich, »wie haltet ihr das nur aus? Und nirgendwo ist eine bessere Zukunft in Sicht.«

»Menschlich, politisch und wirtschaftlich gesehen ist bei uns auch nichts mehr drin. Da sind wir verloren. Aber ich glaube doch noch, daß uns Gott nicht vergißt, auch als Land nicht, und einen Plan mit uns hat.

Ich weiß auch, daß ihr uns helfen werdet. Karin und du, und unsere Schwestern und Brüder in Deutschland.«

Die Ghana-Hilfe

Schon auf dem Flugplatz in Düsseldorf sah mir Karin meine Betroffenheit an. Als ich ihr erzählte, was ich in Ghana erlebt und gesehen hatte, sagte sie: »Da müssen wir helfen.«

Horst, unser Freund, der Ghana auch kannte, war der gleichen Meinung. Er schlug vor: »Du schreibst auf, was du gesehen hast, und ich entwerfe das Papier. Wir müssen die Menschen hier bei uns aufrufen, etwas für ihre Geschwister in Ghana zu tun.«

Das taten wir dann auch. Wir schrieben einen Aufruf und schickten ihn an unsere Freunde und Bekannten, an Kirchengemeinden, Jugendgruppen, Ärzte und Apotheken. Darin baten wir um Geld, Medikamente, Lebensmittel.

Die Reaktion war so, wie sie keiner von uns erwartet hatte. Berge von Lebensmitteln wurden angeliefert, Kartons mit Medikamenten und Spritzen stapelten sich. Soviel Geld wie in jenen Wochen hatten wir auf unserem Konto noch nie gesehen. Wir richteten eine getrennte Buchführung ein. Dietmar, Petra und andere Freunde halfen uns.

Wir konnten laufend Container nach Ghana schicken. Die Blechkirchengemeinde und meine Jugendorganisation verteilten es da unten. Sie richteten Verteilungsausschüsse ein, damit es gerecht zuging. Die Behörden kamen uns entgegen und ließen uns alles zollfrei einführen.

Später kauften wir im Hamburger Freihafen ein. Dort bekamen wir die Sachen billiger, weil wir keinen Zoll darauf zu bezahlen brauchten. Die Container blieben unten in Afrika, und Menschen benutzten sie als Hütten, Ställe und Schuppen.

Viele Spenden, die wir bekamen, waren klein, von Jugendlichen und Leuten, denen sie weh taten.

Eine Gruppe von Jugendlichen räumte ihre Plattenschränke auf, versetzte ihre lauten Lieblinge auf dem Flohmarkt und schickte uns das Geld für Ghana.

Ein kleines Mädchen verkaufte seine Puppenstube. Das mußte ihm sehr schwer gefallen sein. Auch andere Mädchen boten ihre Puppen an, nahmen mit Tränen Abschied von ihnen und schickten mir das Geld mit Briefen, die in großen Druckbuchstaben geschrieben und mit Herzchen verziert waren.

Eine Familie verzichtete mit ihren Kindern auf ihre Weihnachtsgeschenke. Da konnten wir nicht anders, wir schickten ihnen welche.

Altpapier wurde gesammelt, Weihnachtsbäume nach dem Fest abtransportiert; der Erlös ging ebenfalls nach Ghana.

Eine Jugendgruppe verkaufte sich in ihrem Dorf als »Sklaven«; jeder, der sie erstand, konnte sie für irgendeine Arbeit einsetzen. Im Ruhrgebiet fand ein Stadtteilfest statt, an dem sich alle Firmen des Gebietes beteiligten. Den Erlös bekamen wir. Autos wurden gewaschen, mit der Büchse an die Haustüren gegangen, oft auch ohne Genehmigung des Ordnungsamtes, doch keiner regte sich darüber auf.

Unsere Freunde aus Ghana schrieben: »Du mußt mit Karin herunterkommen und sehen, ob auch alles richtig verteilt worden ist.«

Wir taten es, Karin flog zum ersten Mal nach achtzehn Jahren in das Land, das wir nie vergessen werden.

Mit uns schleppten wir Kartons und Kisten mit Lebensmitteln und Medikamenten. Die Fluggesellschaft übersah großzügig unser horrendes Übergewicht. Man darf ja nur zwanzig Kilo mitnehmen; für alles Weitere muß man viel bezahlen.

Gladys

Bevor ich zu der Verteilung der Sachen aus Deutschland kommen kann, muß ich noch von Gladys erzählen.

Gladys wurde in Takoradi geboren, in einer Familie mit vielen Kindern und einer kränkelnden Mutter. Schon früh mußte sie ihrer Mutter helfen. Sie kümmerte sich um die Kleinen, holte Wasser, stampfte den Fufu.

Sonntags kamen ihre Eltern mit allen Kindern in die Blechkirche. Gladys trug immer eins auf dem Rücken, war nie für sich allein da, mußte immer für irgendein Kind sorgen. Als es nicht mehr die der eigenen Familie waren, übernahm sie auch fremde. Sie konnte gar nicht anders, als sich um andere Kinder zu bemühen. »Die kleine Mamma« wurde sie von uns Erwachsenen genannt.

Als Gladys dann ins Schulalter kam, waren sofort Menschen aus ihrer Nachbarschaft, die nicht viel mehr besaßen als ihre Eltern, bereit, ihr das Schulgeld zu bezahlen. Auch in der Schule war sie ein eifriges und fleißiges Kind. Ihre Zensuren waren oft besser als ihre Leistungen, weil die Lehrer sie mochten und wußten, wieviel sie zu Hause helfen mußte. Wenn Gladys morgens in die Schule kam, war sie schon sehr früh aufgestanden und hatte die harte Arbeit des Wasserholens, Kinderwaschens und -fütterns hinter sich. Besonders wenn es auf den Mittag zuging, mußte sie gegen ihre Müdigkeit ankämpfen.

Die Eltern wollten nicht, daß Gladys sich so abmühte, doch die kranke Mutter kam ohne ihre Hilfe nicht mehr aus. Als die Mutter starb, trauerten wir alle mit und wußten, was auf die kleine Gladys zukommen würde. Aber die Nachbarn und ihre anderen Geschwister halfen. Gladys konnte noch die Realschule erfolgreich hinter sich bringen.

Während dieser Zeit gab es auch schon Jungen und junge Männer, die sich Gladys gerne ansahen und ihr Anträge machten. Doch Gladys wehrte ab: »Ihr wollt doch nur mit mir spielen, aber das ist in der Bibel verboten. Ich warte noch und heirate später einen Mann, von dem ich viele Kinder bekommen kann.« Ihr Vorbild war Esther, die Krankenschwester, die sie manchmal im Krankenhaus besuchte, um ihr bei der Arbeit zuzusehen. Sie entschloß sich, auch Krankenschwester zu werden.

Nach dem Schulabschluß bewarb sie sich, bekam gute Papiere von Esther mit und wurde zu einer Krankenschwesternausbildung im Regierungshospital Accra angenommen. Damals war dieses Krankenhaus noch bestens versorgt; es gab genügend Betten und Medikamente, alles war sauber, und die Schwestern und Ärzte konnten vielen Patienten helfen.

Es fiel Gladys sehr schwer, Takoradi zu verlassen. Doch ihre Geschwister konnten nun selbst für sich sorgen.

Schon während ihrer Ausbildung fiel Gladys durch ihre Selbständigkeit, ihren Eifer und ihre Fröhlichkeit auf. Jeder mochte sie, ganz besonders die Ärzte, weil ihr nichts zuviel wurde und sie sich auf Gladys verlassen konnten.

In Accra konnte sich Gladys zum ersten Mal in ihrem Leben so richtig satt essen. Dabei setzte sie auch an und wurde so rund, wie es dem afrikanischen Frauenideal entspricht. Drall, fröhlich, gesund und hilfsbereit war sie, eine richtige Krankenschwester.

Obwohl sie im Examen keine guten Noten in Theorie bekam, sagten ihr die Verantwortlichen des größten und modernsten Krankenhauses in Ghana: »Du kannst bei uns bleiben. Wir möchten dich sehr gerne hierbehalten.«

Sie war die einzige Schwester aus dem Jahrgang, der man das sagte. All die anderen träumten davon, in der Hauptstadt bleiben zu können. Dort waren sie im Schwesternheim untergebracht, konnten soviel essen, wie sie wollten. Es gab elektrisches Licht, Kinos, Tanzlokale und natürlich auch junge Männer und besonders Ärzte, die sich nach hübschen Mädchen umsahen, mit denen sie sich zeigen und auch reden konnten.

Als alle Schwestern ihre Diplome ausgehändigt bekamen, waren Ärzte und Oberinnen aus dem ganzen Lande erschienen und suchten nach Pflegepersonal, das überall sonst in Ghana sehr rar war. Die Schwestern konnten sich aussuchen, wohin sie wollten.

Nur eine Ärztin aus dem Norden, wo keiner hinwollte, weil es so weit weg war von jeder Zivilisation, bot vergebens ihre Stellen an. Erst versuchte Gladys, sie zu übersehen, aber als die Frau zum Schluß alleine und unverrichteter Dinge da stand und ihr fast die Tränen in die Augen kamen, mußte sie Gladys doch ansehen.

An sich war für Gladys alles klar. Sie brauchte sich nicht zu bewerben. Auf der Kinderstation war ihr schon die Stelle der stellvertretenden Stationsschwester versprochen worden. Doch die Ärztin tat ihr so leid.

Sie wollte sie trösten und erkundigte sich nach den Stellen, die die Dame anbieten wollte. Damit war kein großer Staat zu machen. Jede Schwester dort oben mußte ein halber Arzt sein, vieles operieren, was unten im Süden nur Ärzte tun durften. Die Ärztin zählte die üblichen Krankheiten auf, die oben herrschten und die keiner eindämmen konnte. Sie seufzte: »Ganz besonders schlimm ist es in Ponde, wo keiner hin will und wo ich auch nur selten hinkomme. Dort sind die Menschen nicht nur krank, sondern sie haben jede Hoffnung verloren. Sie verhungern einfach und sterben. Sie wissen, daß es keinen Sinn hat, etwas zum Essen anzubauen, denn ehe der Acker Frucht trägt, sind die meisten schon weggestorben. Nicht nur die Menschen, sondern Gott hat die Armen dort verlassen.«

»Nein!« brach es aus Gladys heraus. »Gott verläßt nie einen Menschen.«

Die Ärztin seufzte. Sie war eine gebildete Frau, sie hatte diese Bemerkung über Gott eigentlich nur als eine Floskel gebrauchen wollen. Doch nun hatte die junge Schwester so reagiert.

Gladys konnte gar nicht anders, als zu sagen: »Ich komme mit Ihnen, ich will in das Dorf, wo sie schon alle Hoffnung aufgegeben haben.«

Nun meinte die Ärztin, sie hätte das naive Mädchen aus dem Süden mit unerlaubten Tricks in den Norden gezogen, und versuchte, ihr zu erklären, daß die Stelle wohl doch nicht das richtige sei. Aber jetzt war Gladys überzeugt, daß Gott sie dorthin gerufen hätte.

Auch die Ärzte des Regierungskrankenhauses versuchten, sie zu halten, und die Oberin. Natürlich war Gladys' Vater ebenfalls nicht glücklich darüber, daß Gladys so weit weggehen wollte. Aber sie blieb dabei.

»Dahin hat mich Gott gerufen, und die Menschen. Master Jesus hat ja gesagt: ›Was ihr einem meiner geringsten Brüder getan habt, das habt ihr mir getan.‹«

Sie fuhr los. Die Ärzte und Schwestern hatten ihr in Accra noch eine Kiste mit Medikamenten und Geräten zusammengepackt, damit sie nicht mit bloßen Händen dort im Norden ankam.

Gladys fuhr zunächst zu der Ärztin. Das war eine lange und schwierige Tour. Sie mußte sich mit kaum erschwinglichen Summen immer wieder einen Platz auf den Mammylorries kaufen, die sie ihrem Ziel näherbrachten. Als sie bei der Ärztin ankam, sah sie, daß es den Menschen im Norden noch übler erging als den Ghanaern im Süden. Die Wüste gab den Menschen kaum noch etwas zum Überleben. Die Hungernden lagen an der Straße und starben. Dann wurden sie von den Geiern und Insekten zerfleischt. Die Ärztin hatte gerade einen Malariaanfall, als Gladys ankam, und konnte ihr nur den Weg zu dem Ort beschreiben. Eine Mammylorry setzte sie auf einer entlegenen Straße ab. Der Fahrer deutete vage in die Wüste hinein: »Da irgendwo muß das Kaff liegen. Manchmal bringen sie einen Sterbenden zu mir, wenn ich hier vorbeikomme. Du wirst es nicht lange aushalten. Ich komme hier jeden Donnerstag vorbei, wenn ich Benzin bekomme. Dann kann ich dich wieder in den Süden mitnehmen.«

Gladys stand allein an der Piste. Der Fahrer hatte ihr noch die Kiste und den Karton mit ihren persönlichen Dingen auf den Kopf gehoben. Es war eine schwere Last, doch Gladys sprach ein Gebet und marschierte los. So einsam hatte sie sich noch nie gefühlt. Sie war sich auch nicht sicher, ob Gott sie hier, in der fremden, moslemischen Wüste hören würde, wo es auch Jujumänner gab. Aber sie zog los. Sie hatte noch nie in ihrem Leben aufgegeben, und zu dem, was sie sagte, stand sie.

Von Leben in der Wüste sah sie nichts und fürchtete schon, daß der Fahrer sie belogen hatte. Aber dann entdeckte sie etwas vor sich, das zunächst nicht wie Hütten, sondern wie übergroße Warzen aussah. Als sie näher herankam, konnte sie doch ausmachen, daß es Hütten waren. Auch dort kein Anzeichen von Leben. Nicht einmal ein Tier bewegte sich in der grellen Sonne über den hartgebrannten, roten Sand.

Ein Bach, der ursprünglich dort vorbeiführte, war ausgetrocknet. Nur aus einem sumpfigen Tümpel war noch etwas Flüssigkeit zu holen.

Eine gefährliche Kobra zischte Gladys an. Gladys beeilte sich, in die Mitte des Dorfes zu kommen, weil sie dort auf Menschen hoffte, aber auch da kein Zeichen von Leben.

Hier stand sie nun und hievte ihre Sachen vom Kopf. Sie schwitzte, der Schweiß brannte ihr in den Augen, lief ihr über das Gesicht, oder waren es die Tränen der Enttäuschung? Es tat ihr aber gut, zu weinen, damit löste sich einiges. Sie versuchte zu beten, doch es kamen keine Worte.

Dann sah sie an einer verfallenen Hütte ein aufgemaltes rotes Kreuz und die Reste eines Wortes, das wohl Krankenstation heißen sollte. Das mußte die »gut erhaltene« Hütte sein, von der die Ärztin erzählt hatte.

Gladys betrat die Ruine. Alles war zusammengebrochen, und die Ratten waren so frech, daß sie erst die Hütte verließen, als Gladys sie mit dem Stock verjagte, auf den sie sich vorher gestützt hatte.

Gladys fühlte sich belogen und betrogen. Sie wollte wieder zurück. Doch wohin? An der Straße mußte sie bis zur nächsten Woche warten, ehe wieder eine Mammylorry durchkam.

Sie war ein nüchterner Mensch, und sie sah ein, daß ihr nichts anderes übrigblieb, als zunächst einmal hier zu übernachten. So fing sie an, den Schutt auszuräumen und sich aus den Resten des ehemaligen Bettes und eines Tisches ein neues Schlaflager zu bauen. Darauf schlief sie sofort erschöpft ein.

Am nächsten Morgen wurde sie davon wach, daß Menschen in der Sonne standen, die in ihre Hütte hineinleuchtete. Es waren Kranke, die sie um Hilfe baten. Nicht mit Worten, sondern indem sie ihr die Wunden an ihrem Körper zeigten.

Es sah schlimm aus für diese Menschen, doch Gladys fing sofort an, mit dem, was sie aus Accra heraufgebracht hatte. Sie half, wie sie konnte, bis zum Abend, als es kein Licht mehr gab. Als sie dann essen wollte und das Brot auspackte, das sie aus Accra mitgebracht hatte, standen plötzlich Dutzende von ausgehungerten Kindern vor ihr. Sie teilte das Brot mit ihnen und legte sich hungrig auf ihre Pritsche.

So erging es ihr jeden Tag. Bald hatte sie nichts mehr zu essen und auch keine Medikamente mehr.

Aber sie hatte auch angefangen, sich einen Garten anzulegen. Aus dem Sumpfloch schleppte sie Wasser heran und steckte Samen in den Boden, von dem sie hoffte, daß er aufgehen würde. Die Menschen sahen ihr dabei zu, taten nichts, wußten, daß es hier oben nur einen Lebenssinn gab, nämlich den, zu sterben. Doch Gladys kämpfte dagegen an. Einmal im Monat fuhr sie in die Provinzhauptstadt, holte dort ihren Lohn ab, versuchte dafür das zu kaufen, was sie fürs Dorf brauchte. Aber das reichte nicht.

Sie versuchte auch, die Menschen zu einem Gottesdienst zu sammeln. Vorher hatte sie noch nie gepredigt oder die Liturgie gehalten, doch hier draußen mußte sie es tun. Erst kam keiner, aber dann doch die Kranken, denen sie geholfen hatte, und die Kinder. Ihr Gesang zog auch die anderen Menschen an.

Gladys erzählte den Menschen vom Heiland, vom Retter, und immer wieder die Wunder, weil sie hoffte, daß hier auch einmal eins geschehen würde.

Sie saß oft dabei, wenn Menschen starben und sie nicht mehr helfen konnte. Dann wischte sie ihnen den Schweiß ab, gab ihnen zu trinken, betete mit ihnen, sprach Trost über dem Grab und begrub sie.

Gladys mußte auch Operationen durchführen, für die sie nicht ausgebildet war, zum Beispiel mußte sie einen vereiterten Blinddarm entfernen. Sie hatte im Krankenhaus zugesehen, wie der Arzt das gemacht hatte, unter besten medizinischen Bedingungen. Doch hier hatte sie keine

Narkose zur Verfügung. Mehrere Männer mußten den Kranken festhalten, und Gladys schnitt ihm den Bauch auf. Sie brachte den Kranken durch!

Da fiel sie auf die Knie nieder, mit tränenüberströmtem Gesicht, und bedankte sich: »Mein Herr, mein Herr, was für ein Wunder, wie damals mit Jairus' Töchterchen ...«

Langsam konnte sie die Menschen des Dorfes wieder in Bewegung setzen. Sie beackerte mit ihnen das Land neben dem Sumpfloch. Die Männer halfen ihr, die Kranken zu transportieren und die Toten zu beerdigen.

Gladys suchte in der Stadt auch die Kirche auf und bat um Hilfe. Die frommen Menschen dort versprachen ihr das zwar, wollten einen Evangelisten schicken, waren aber nicht bereit, von dem Getreide abzugeben, das sie aus Übersee bekommen hatten. Gladys meinte: »Evangelisieren kann ich selbst.«

Sie hatte eine solche Sehnsucht nach Takoradi. Am liebsten wäre sie geflüchtet. Oft hatte sie schon ihren Karton gepackt, aber dann blieb sie doch.

Nur selten noch kam Gladys nach Takoradi, berichtete dort in der Kirche, bekam auch etwas mit, doch die Menschen dort unten hungerten auch und wußten nicht, wie sie Gladys helfen konnten. Niemand hätte es Gladys übelgenommen, wenn sie in diesen schweren Zeiten unten bei ihrer Familie geblieben wäre, aber sie fuhr immer wieder in den Norden zurück, um zu hungern, um zu helfen, um zu hoffen.

Das Wunder in der Wüste

Die Leute in der Blechkirche dachten jeden Sonntag an Gladys und auch während der Woche zu Hause. Obwohl sie selbst hungerten und ihr Geld kaum reichte, das Nötigste zum Überleben zu erstehen, sammelten sie für die Arbeit oben in der Wüste. Sie finanzierten auch die Reise eines Gemeindemitglieds zur Elfenbeinküste. Dieser Mann kaufte dort Medikamente für Gladys und Kranke der Blechkirche. Doch nur einmal konnte sich die Gemeinde das leisten, dann waren ihre Mittel erschöpft.

Als unsere Container nach Ghana kamen und Lebensmittel und Medikamente Takoradi erreichten, waren alle sofort der Meinung: »Wir müssen das mit Gladys teilen. Die braucht es noch dringender als wir.«

Sie nahmen Kontakt mit den Leuten in Accra auf, die für die Verteilung der Hilfsgüter verantwortlich waren. Die ließen sich gerne davon überzeugen, daß ein Teil der Hilfe in den Norden hoch mußte. Aber wie? Das Transportproblem war kaum zu lösen. Vor den wenigen Tankstellen, die noch offen waren, mußten die Fahrer tage- und nächtelang warten, ehe sie ein paar Liter Benzin in ihren Tank füllen konnten. Auf dem schwarzen Markt kletterten die Preise immer höher. Und kein Fuhrunternehmer traute sich, die schlechte Straße unter seine schon abgefahrenen Reifen zu nehmen. Hinzu kam noch die Gefahr von Wegelagerern unterwegs. Oft wurden Lastwagen an steilen Steigungen überfallen, oder Gangster blockierten einfach die Straße. Auch hatten Militär und Polizei Straßensperren errichtet und nahmen sich von jedem Wagen, der durchwollte, was sie brauchten. Einige entschuldigten sich so: »Wir haben schon seit Tagen nichts mehr zu essen bekommen und seit Monaten keinen Lohn.« Man sah es den hageren Gesichtern auch an, daß die Polizisten selbst hungerten.

Mercy Mills war eventuell bereit, ihre Mammylorry hochzuschicken, und dachte schon daran, welchen Bibelspruch sie auf den Wagen malen sollte, um das Gewissen der Räuber bei einem Überfall abzuschrecken.

Aber da kam dem Pastor eine ganz andere Idee, an die sonst keiner zu denken wagte. Er dachte nicht nur nach, sondern setzte seine Vision sofort in die Tat um.

Schnell zog er seinen schwarzen Anzug an, die Weste in der gleichen Farbe mit dem knappen, weißen, klerikalen Kragen. So marschierte er zur Kaserne in Takoradi. Da traute sich sonst kein Zivilist hin. Dort waren schon ein paar Menschen verschwunden und andere übel zugerichtet worden. Nun war es ruhiger geworden, aber trotzdem fürchteten sich die Menschen vor dieser Räuberhöhle. Unser Pastor jedoch kannte sich ja damit aus, in die Höhle des Löwen zu gehen.

Stacheldraht um die Baracken und Häuser herum. Sandsäcke, aufgebaute Maschinengewehre und Granatwerfer, hinter denen Soldaten dösten. Denen war es egal, ob der befürchtete Umsturz bald kam oder nicht. Sie würden sofort zum Stärksten übergehen oder bei ihm bleiben, je nachdem, wer zu siegen begann.

Am Tor wurde der Pastor angerempelt und mit einem Maschinenpistolenlauf auf seiner Brust bedroht. Doch er ließ sich nicht einschüchtern, er wollte den Kommandanten sprechen.

Nur seiner Tracht und der Bibel unter dem Arm verdankte es der Pastor, daß man ihn nicht sofort einsperrte. Nach einigem Hin und Her brachte ihn ein Soldat bis in die Kommandantur hinein, die auch stark bewacht wurde.

Dort saß ein sehr junger Mann, Herr über die Soldaten und die Menschen der Stadt, von allen gefürchtet, weil er brutal durchgriff und sich schon jetzt vor dem nächsten Umsturz fürchtete. Im Stil unserer Kirche bot der Pastor an, mit dem Kommandanten zunächst eine Andacht zu halten. Der ließ es verwundert und ein wenig verwirrt geschehen.

Der Pastor packte sich das Solidarisierungsgebot aus der Bibel heraus, Matthäus 25: »Was ihr einem meiner geringsten Brüder getan habt, das habt ihr mir getan.« Das legte er ihm aus, griff den Offizier aber nicht an, sondern ging von sich und seiner Gemeinde aus.

Als Beispiel für Hilfe nannte er Gladys und ihre Arbeit und erzählte dem Kommandanten von ihr, aber immer mit Bibelstellen belegt, die anzeigten, daß er nie das Gebiet der Andacht verließ und sich nicht auf das der Agitation begab.

Bald war dem Kommandanten auch klar, daß man Gladys helfen mußte. Er freute sich mit dem Pastor, als der erklärte, daß alles schon in Accra bereitläge.

»Aha«, dachte der Offizier laut nach. »Aber wie bekommen wir die Sachen nach Norden zu Gladys?«

»Genau das ist unser Problem«, kam der Pastor zur Sache.

Er hatte das Herz des Soldaten angerührt. Der kam nun selbst darauf, was getan werden mußte, und zwar sehr schnell.

»Ok«, sagte er, »es hat keinen Sinn, einen zivilen Wagen hochzuschicken. Der ist viel zu klein, und sie werden ihn ausrauben. Ich habe schwere Lastwagen hier. Einen werde ich hochschicken, mit mehreren Soldaten, die ihn und die Last bewachen.«

Das tat er dann auch. In der Kirche fand ein Lob- und Dankgottesdienst statt, während der Pastor mit dem Lastwagen samt Bedeckung nach Accra fuhr und ihn dort belud.

Mehlsäcke, Milchbüchsen, Medikamentenkartons, Ölsardinen, Corned Beef und was Gladys noch brauchte, wurden aufgeladen. Natürlich hatte Gladys keine Ahnung von der Überraschung, die auf sie zukam.

Es gab auch Saatgut unter der Ladung. Zwei Männer von den »Who dei for top« fuhren mit. Die sollten bei der Anlegung des Gartens helfen. Der Pastor blieb zurück.

Die Soldaten hatten ihren Wagen nicht nur vollgetankt, sondern auch soviel Benzin mitgenommen, daß es für die Rückreise reichen würde.

An einem Morgen war Gladys mal wieder ziemlich am

Ende. Sie sah den Patienten an, daß sie nicht nur akute Krankheiten hatten, sondern schon an Mangelerscheinungen litten, die immer weniger zu korrigieren und zu heilen waren. Gladys konnte auch nicht helfen, sie hatte selbst nicht genug zu essen. Gerade war sie dabei, ein fieberndes Kind mit Durchfall zu untersuchen und die Mutter zu trösten, als sie draußen das Geräusch eines schweren Lastwagens hörte. Das konnte nichts Gutes bedeuten. Sie hatte von Banden gehört, die mit Lastwagen ganze Dörfer überfielen, sie ausraubten, die Männer zusammenschlugen und die Frauen vergewaltigten. Sie hörte und sah auch schon, wie jeder, der Beine hatte und laufen konnte, in die Wüste hinauslief, um sich in den Bodensenken zu verstecken.

Erschrocken sah die Mutter des Kindes Gladys an. Die wäre am liebsten auch weggelaufen, doch sie konnte das fiebernde Kind nicht allein lassen.

Als der schwere Lastwagen mitten im Dorf anhielt, nahm Gladys all ihren Mut zusammen und trat aus der Hütte heraus.

Sie fürchtete sich noch mehr, ihr Herz zog sich zusammen, als sie ein Militärfahrzeug und Soldaten mit Maschinenpistolen entdeckte. Doch sie nahm ihren Mut zusammen und stellte sich den Soldaten.

Wie sie hören konnte, waren die Soldaten nicht bester Laune. Sie schimpften über die erbärmliche Piste und den langen Weg.

Dann aber rief der Feldwebel Gladys zu: »He, bist du Schwester Gladys? Wir haben dir was mitgebracht.«

Gladys verstand nicht.

»Hol mal deine Leute ran!« befahl der Unteroffizier. »Die sollen beim Abladen helfen.«

Doch die Männer des Dorfes waren fast alle verschwunden. Gladys mußte jede Frau einzeln überreden. Sie wußte nicht, was es da abzuladen gab, aber sie wollte die Soldaten nicht verärgern und sehen, daß sie schnell wieder abfuhren.

Als die Soldaten anfingen, die Lebensmittel abzuladen, befürchtete Gladys, sie würden im Dorf ein Militärlager einrichten. Doch dann standen die Soldaten einfach herum und taten so, als ob sie mit den Lebensmitteln nichts zu tun hätten.

»Für wen sind die denn?« fragte Gladys erstaunt.

»Für euch, für wen denn sonst?« antwortete der Feldwebel.

Sie konnte es nicht fassen, und die Menschen im Dorf noch weniger, als sie alles verstauten.

»Ein Wunder ist geschehen!« rief Gladys aus.

Sie mußten mehrere Hütten vollpacken. Gladys verteilte die ersten Rationen. Die Soldaten fuhren sofort wieder ab, als der Lastwagen leer war. Die hielt nichts in diesem Wüstennest. Gladys und alle Dorfbewohner aber feierten erst einmal ein richtiges Mahl, mit Brot, Büchsenmilch und Ölsardinen. Sie aßen sich richtig satt und hielten am nächsten Morgen einen Dankgottesdienst ab. Gladys organisierte alles. Ein Lehmofen wurde gebaut, in dem sie aus dem Mehl Brot backte. Aus den Säcken schnitt Gladys Bettlaken für ihre Krankenstation. Die Jungen wandelten die leeren Milchbüchsen in Trommeln um. Sie spannten Lumpen über die Trommelfläche und bearbeiteten sie mit Stöcken, und die Mädchen tanzten dazu.

Aus den Ölsardinenbüchsen stellten die Männer kleine Öfchen her.

Erst dachten die Menschen im Dorf daran, mit dem Saatgut eine Genossenschaftsfarm einzurichten, doch die »Who dei for top«, die außerhalb Takoradis Erfahrung mit ihrer eigenen kleinen Landwirtschaft hatten, rieten ab: »Wenn so eine Farm allen gehört, wird nichts daraus. Dann tut keiner etwas. Jede Familie muß ihren eigenen Boden kriegen. Das ist besser.«

Und so wurde es dann auch.

Als Karin und ich nach Ghana kamen, fuhr uns Mexiko

mit einem geliehenen Wagen zu Gladys hoch. Das waren Tage, die wir nie vergessen werden. Karin half Gladys in der Krankenstation, ich war mit den Männern auf dem Acker, und abends, wenn wir auf dem Dorfplatz saßen, mußte ich ihnen »Massa Jesus Stories« erzählen. Und andere. Wenn wir sangen und trommelten, tanzten die Sterne mit uns.

Die Lehmkathedrale

Dann fuhren wir nach Takoradi. Nach achtzehn Jahren suchten wir also wieder die Stadt auf, in der wir unvergeßliche Jahre unseres Lebens verbracht hatten. Damals war die Straße von Accra herüber gebaut worden; nun hatte sie sich in eine Schlaglochchaussee verwandelt. Fünfmal mußten wir unterwegs einen Reifen flicken. Einen Ersatzreifen besaß der Freund von Mexiko nicht, der uns fuhr.

Wir kamen viel später in Takoradi an, als wir geplant hatten, mitten in der Nacht. Die Stadt schlief schon. Wir übernachteten in unserer alten Wohnung, in der Jugendbaracke. Dort wohnte jetzt unser afrikanischer Nachfolger. Natürlich hatte er mit seiner Frau die Wohnung anders eingerichtet als Karin mit ihrer finnischen Wohnkultur. Doch die Möbel, die wir stehengelassen hatten, gab es noch. Wir schliefen in unseren alten Betten, und auch die Laken erkannten wir wieder. Zunächst weigerten wir uns, das Ehepaar aus seinem Schlafzimmer zu verdrängen; doch als wir merkten, daß wir sie damit beleidigten, gaben wir nach.

Als wir am nächsten Morgen wach wurden, schien die Sonne herrlich herunter. Ich lief zum Meer und badete dort allein, warf mich in die Brandung.

Dann zogen wir uns sonntäglich an und gingen zu unserer Blechkirche hinüber. Nicht allein; eine Delegation der Gemeinde hatte uns abgeholt.

Es war ein trauriges Wiedersehen mit der Stadt. Sie war verfallen, kaum noch Leben auf den Straßen, die sich wieder in Pisten und Feldwege zurückverwandelt hatten. Die stolzen Fassaden der Geschäftshäuser an der Hauptstraße verblichen in Sonne und Regen. Kaum noch ein Fenster besaß Glas. Meistens sahen wir Löcher oder Pappe, mit der man das Fenster notdürftig zu schließen versuchte.

Die Hütten standen noch armseliger in der grellen Sonne. Die Abflußrinnen waren überfüllt, keiner schien sie zu reinigen. Eine verfallende Stadt.

Karin und ich blickten uns an. Wie wohl unsere Blechkirche aussehen würde?

Aber noch etwas fiel in dieser verfallenen Stadt auf: Die Menschen waren Christen geworden. Überall kamen sie zum Gottesdienst zusammen. An Straßenecken predigten selbsternannte Evangelisten, unter Bäumen wurde gebetet und gesungen. In den Schulen drängten sich die Frommen zusammen. In allen Sprachen Ghanas und mit Trommelbegleitung wurden Lieder gesungen. Die Kirche war zu einer afrikanischen Volksbewegung geworden.

Vom europäischen Einfluß war nichts mehr zu bemerken. Keine Harmoniumklänge, sondern Trommelgedröhn, vor dem die Missionare, wegen des heidnischen Ursprungs, Angst gehabt hatten. Die Fröhlichkeit, die sonst von den Gesichtern der Ghanaer gewichen war, kehrte am Sonntagmorgen wieder. In den Stunden des Gesangs und Gebets konnten wir wieder erlöste Gesichter sehen.

Eng gedrängt hockten die Menschen zusammen. Gott und Gemeinschaft gehörten für sie zusammen. Keiner grübelte allein. Es wurde überall und mit Leidenschaft gepredigt, in vielen Sprachen und Stilen. Doch die eigentliche Botschaft hatte sich nicht verändert. Die Botschaft vom Heil, von der Erlösung.

Unsere Begleiter hielten sich zurück, als wir in den Weg zum Schuttabladeplatz einbogen. Sie lächelten. Ich wußte nicht, ob es ein Lächeln aus Verlegenheit oder Fröhlichkeit war. Wir konnten schon erkennen, daß der Schuttplatz noch immer angefahren wurde, obwohl das schon in unserer Zeit illegal und strafbar war. Papier und stinkende Abfälle lagen überall herum. Ratten liefen uns über den Weg. Schlangen zischten.

Doch als wir auf den Platz einbogen, auf dem früher die Blechkirche gestanden hatte, überraschte mich das Bild, das ich dort sah, wie in einem Traum.

Das konnte doch nicht wahr sein! Ich kniff die Augen zusammen. Auf dem Platz, auf dem früher die Blechkirche gestanden hatte, erhob sich nun eine Kathedrale. Sie erhob sich über alle Häuser in ihrer Nachbarschaft. Ein gewaltiger Bau, aber aus Lehmziegeln und mit Händen erbaut. Das sah man ihm an. Eine Glocke dröhnte, aber noch immer standen die alten Männer an ihrem Glockenspiel aus Wagenfelgen und ließen einen Liedrhythmus hören.

Stolz erklärte uns unsere Begleitung: »Achtzehn Jahre haben wir daran gebaut. Keine Zuschüsse haben wir bekommen. Unser Schweiß und unser Geld stecken darin. Immer wieder mußten wir aufhören, weil wir kein Geld mehr hatten, aber es ging immer wieder weiter, und jetzt steht sie da.«

Keiner hatte uns etwas davon gesagt. Auch die Mitgliederzahl der Gemeinde hatte sich gewaltig erhöht. Zu unserer Zeit gehörten zweihundert Leute dazu, nun über sechstausend, von denen sich an die viertausend Menschen jeden Sonntag in die Lehmkathedrale drängten. Bei uns in Deutschland gehen die Zahlen der Gläubigen zurück, die Kirchen leeren sich, doch in Ghana ist der christliche Glaube zu einer Volksbewegung geworden. Es ist keine Einheitskirche; sondern die Gemeinden bestehen aus dynamischen Kleingruppierungen. Sie sind Nachbarschaftskirchen.

Das wurde uns auch sofort erklärt: »Wir haben nicht nur diese Kirche hier, sondern wir machen auch Mission in Takoradis Umgebung und bis tief in den Busch hinein. Überall gibt es dort Hütten, in die sich die Gläubigen und Suchenden drängen.«

Doch als die Menschen uns vor der Kirche sahen, kamen sie auf uns zugerannt. Viele kannten uns gar nicht, waren erst nach unserer Zeit zu der Gemeinde gestoßen. Aber für sie waren wir Schwester und Bruder. Alle kamen uns entgegengelaufen, der feierliche Kirchenvorstand in den bunten und feierlichen Sonntagsgewändern; »Who dei for tops« waren auch da, in ihren dunklen Anzügen mit Turnschuhen oder barfuß.

Der Kirchenchor, nun in Roben und Chorhemden gekleidet, rannte uns entgegen. Aber auch die Marktfrauen, die alte Garde und neue, jüngere, drängten sich durch.

Karin und ich verschwanden in Strömen von Menschen, Liebe und Tränen. Drinnen in der Kathedrale wogte und sang und klatschte es: »Dies ist der Tag, den der Herr gemacht, den der Herr gemacht ...«

»Für uns auch!« rief ich.

Der Gottesdienst in der Lehmkathedrale

Aus der Kathedrale drangen Jubelgesänge. Sie waren nicht mehr von einem asthmatischen Harmonium begleitet, sondern von Trommeln, die den Rhythmus anschlugen.

Der Vorarbeiter vom Hafen, mittlerweile ein grauer, gebeugter Mann mit Stock, hob seine rechte Hand hoch und bat uns zum Gebet. Wir standen draußen in der Sonne und senkten unsere Köpfe.

Dann setzte sich der fast hundert Leute starke Chor in Bewegung, feierlich und im Gleichschritt. Die Kirchenältesten schlossen sich an, und wir, die Gäste.

Der alte, gewaltige Choral wurde angestimmt, mit dem wir schon in die Blechkirche eingezogen waren: »Gott ist gegenwärtig ...«

Und wieder spürten wir es, wurden vom Glauben unserer Schwestern und Brüder mitgetragen. Da konnte man gar nichts anderes fühlen und glauben und singen. Hier stand ich nicht allein vor Gott, auf verlorenem Posten, wie in Europa. Hier sangen alle mit und glaubten, ohne jeden Zweifel.

Wir zogen in die hohe Kathedrale ein. Die Menschen drinnen erhoben sich. Die Trommeln setzten aus, wir hörten nur noch menschliche Stimmen, die die Kathedrale erfüllten und bis nach draußen drangen. Strahlende, gläubige Gesichter, nach oben gewandt, auf Gott hin. Hier lebten und glaubten die Menschen von sich weg.

Alle Strophen sangen wir, und noch viele dazu, die es eigentlich gar nicht gibt.

Dann wurde gepredigt. Sie hatten mir schon nach Accra Nachricht zukommen lassen: »Wir wollen Predigten über euren Familienspruch hören, von dir auch, und wir lassen dir viel Zeit dafür. ›Siehe, ich habe vor dir gegeben eine offene Tür, und niemand kann sie zuschließen.‹ Das haben wir nicht vergessen.«

So war es dann auch. Sie ließen mir viel Zeit für meine Predigt. Ich sollte ihnen erzählen, was ich mit Gottes Zusage erlebt hatte, seit wir von Takoradi weggegangen waren. Der Vorarbeiter vom Hafen predigte nach mir und sagte: »In der frohen Botschaft steht nicht nur der Missionsbefehl: ›Gehet hin in alle Welt und lehret alle Völker ...‹, sondern auch der Solidarisierungsbefehl, in Matthäus 25,40: ›Was ihr einem meiner geringsten Brüder getan habt, das habt ihr mir getan.‹ Das erwartet Gott von uns, nicht nur Reden, sondern auch Helfen. Beides ist wichtig. So wird die Kirche, der Leib unseres Herrn, hier auf der Erde sichtbar.

Nicht vergessen, wir sind nicht nur Gottes Lippen, sondern auch sein kleiner Finger, der anfassen und heilen kann. Und wer das tun will, der findet immer eine offene Tür, zu Gott, zum Nächsten und auch zu sich.«

»Amen!« riefen alle; das war ihnen aus dem Herzen gesprochen.

Der afrikanische Christus

Dann wurden Karin und ich nach vorne gerufen. Feierlich stellten sich die Ältesten im großen Altarraum auf und bildeten einen Halbkreis um uns. Wir fühlten uns so wohl wie ein Küken unter den Flügeln der Henne.

Der Pastor trat vor und begann ganz feierlich: »Liebe Karin, lieber Fritz. Wir haben nicht vergessen, daß ihr uns die frohe Botschaft hierhergebracht habt, die Botschaft der offenen Tür, des offenen Grabes. Die offene Tür zu Gott, zum Nächsten, zu uns selbst. Darum haben wir heute auch darüber gepredigt.

Nun erleben wir hier in Takoradi eine offene Tür. Überall ist ein Hunger nach dem neuen Leben erwacht.

Ihr sollt aber auch wissen, daß ihr hier bei uns immer eine offene Tür habt. Ihr seid hier zu Hause, in der Lehmkathedrale genauso wie damals in der Blechkirche. Und wenn wir Zahnschmerzen haben, denken wir immer an Karin und an ihre leichte, liebe Hand.« Alles lachte.

»Nein, nein«, entschuldigte sich der Pastor. »Ich wollte etwas ganz Feierliches sagen, aber nun ist es doch fröhlich geworden. Ist ja nicht schlimm. Also, wir wollen euch etwas schenken, das euch an uns und unsere Gemeinschaft erinnern soll.«

Er gab einen Wink, und Miss Mercy Mills trat aus dem Kreis der Kirchenältesten zu uns. Sie trug mit beiden Händen einen schon ziemlich oft benutzten und abgeschabten Plastikbeutel, in dem sie etwas versteckte. Aber oben sah die Kante eines bearbeiteten Stücks Mahagoniholz heraus.

»Wir haben dieses Stück Holz für euch schnitzen lassen«, erklärte der Pastor. »Es ist nicht so geworden, wie ihr es euch vielleicht denken würdet.«

Mercy Mills übergab uns das Holz und umarmte uns. Alle reckten die Hälse. Auf der unterarmlangen, roten Holzplatte, die eine gute ausgestreckte Fingerspanne breit war, sah ich eine typisch afrikanische Szene: Ein Afrikaner öffnete die Tür einer Hütte, sah sich zu dem Betrachter freundlich um und lud ihn ein, mit ihm in diese Hütte zu treten. Eine Szene, wie sie im gastfreundlichen Ghana immer wieder vorkam.

Eine einfache Hütte, mit Vieh und Palmen drumherum und mit Bananenfasern als Dach. Der Afrikaner trug seine Kräuselhaare lang, aber gepflegt. Seine Gesichtszüge gehörten ganz nach Takoradi. Er war ein Ahanta mit einer flachen Nase und breiten Lippen. Über seine Schulter hatte er einen einfachen Kente, eine Toga, geworfen. Er war ein Mann, der von einer langen Reise kam, und trug einen schweren Stab in seiner Faust.

Ein freundlich, aber bestimmt aussehender Mann. Sein Blick schien zu sagen: »Los, komm rein!«

In dem Augenblick wurde mir deutlich, daß es eine Auslegung des Textes von der offenen Tür war.

Das war nicht ein Mann aus Ahanta, das war Christus. Nicht mehr ein europäischer, sondern ein afrikanischer. Christus war schwarz geworden. Ich dachte daran, wie weiß er gewesen war, vor achtzehn Jahren, auch für die Ghanaer. Da hätte man ihn nie so dargestellt. Da hingen die etwas süßlichen und kitschigen Nazarenerbilder in vielen christlichen Hütten und Häusern. Doch hier sah ein afrikanischer Christus mich an.

Die Ältesten ließen uns Zeit, die Tafel in aller Ruhe zu

betrachten. Karin und ich, wir freuten uns sehr, wir waren tief gerührt. Doch dann nahm uns der Kirchenvorsteher noch einmal die Tafel aus der Hand und drehte sie um.

Auf der anderen Seite hatten sie ein Bild ihrer Lehmkathedrale aufgeklebt: »Damit ihr wißt, wo ihr zu Hause seid, wo ihr hingehört, wo Gott gegenwärtig ist. Der ist überall, Gott sei Dank, aber auch hier in unserer Kirche.«

Ich mußte noch einmal ans Rednerpult, um ein paar Worte zu sagen. Die fielen mir schwer. Ich hätte sie am liebsten alle umarmt, so fühlte ich mich.

Aber dann fiel mir etwas ein, mit dem ich die Rührung überwinden konnte: »Schwestern und Brüder, heute bin ich noch hier bei euch, aber am nächsten Sonntag, Ostern, soll ich in einem Gefängnis in Deutschland predigen, den Gefangenen die Osterbotschaft verkündigen. Da nehme ich diese Tafel mit und zeige sie ihnen.«

Alle klatschten.

Der Pastor fragte mich: »Am nächsten Sonntag, morgens, wie bei uns?«

Ich nickte.

»Wann kommt ihr denn zusammen?« fragte er.

»Neunuhrvierzig«, antwortete ich.

Der Pastor sah mich erstaunt an: »Eine komische Zeit.«

»Ist in Deutschland so mit der Gefängnisbürokratie, da muß alles hineinpassen.«

»Wann ist das nach unserer Zeit?« fragte er mich weiter.

»Zwanzig vor neun«, antwortete ich.

Er besprach sich schnell mit den Ältesten und rief dann: »Ok, am nächsten Sonntag kommen wir nicht um zehn Uhr, sondern um halb neun zum Gottesdienst zusammen. Da wollen wir mit den Gefangenen in Deutschland Ostern feiern und dafür beten, daß sie die Botschaft der offenen Tür und des offenen Grabes fröhlich macht. Geht das?«

Alle klatschten und riefen: »Ja.«

Dann doch noch Umarmungen und Tränen, aber auch

fröhliche Gesichter, und Karin und ich zogen unsere Straße nach Deutschland zurück fröhlich, aber auch ein wenig wehmütig.

Der afrikanische Christus im deutschen Gefängnis

Am Ostersonntag fuhr ich mit Karin von Düsseldorf quer durchs Ruhrgebiet nach Ostwestfalen. Dort lag das große Gefängnis, in dem ich predigen sollte.

Es war ein kalter und regnerischer Morgen. Wir waren allein auf der sonst so vollgestopften Autobahn. Im Radio, drittes Programm, wurde eine formvollendete Musikdarbietung gesendet. Ausgezeichnet gespielt und gesungen, doch nicht fromm. Es war kühl, wie das Wetter draußen. Die Künstler spielten für sich selbst, für ihre eigene Selbstverwirklichung, das war herauszuhören. Die Stücke und Kantaten waren Gott gewidmet worden, doch nun nahmen sie die Musiker für sich und die Zuhörer in Beschlag. Noch nie hatte ich geistliche Musik vorher so empfunden.

Wir parkten unter der hohen Gefängniswand. Mißtrauische Blicke vom Wachtturm herunter.

Die üblichen Sicherheitsvorkehrungen in der Pforte: Personalien, Kontrollen und viele Schlüsselgänge. Der Pastor erschien, sehr bleich über seinem dunklen Anzug und arg verschnupft.

In dem großen, kahlen Kirchsaal war gerade die katholische Messe zu Ende gegangen. Der Priester mochte uns nicht. Er montierte den Altar ab, ließ das Kreuz wegstellen und nahm die Altarblumen mit.

Der Pastor entschuldigte ihn: »Mit seinem Vorgänger hatte ich ein besseres Verhältnis, wir waren Brüder. Doch bis zu diesem hier ist Vatikan zwei noch nicht gedrungen.«

Der katholische Küster machte es seinem Priester nach. Er nahm den Altar total auseinander. Der evangelische mußte sich dann die Bestandteile einzeln wieder zusammensuchen. Das hob alles nicht gerade die Stimmung. Der Küster wollte Kerzen auf dem Altar haben, doch die waren nicht zu finden. Ich meinte, es würde auch ohne gehen.

Die Gefangenen wurden hereingelassen. Alles schwere Jungen. Keiner saß hier unter drei Jahren. Man sah schon üble Gesichter, aber auch solche, denen man eine Untat gar nicht zugetraut hätte. Sie besetzten die Kirche und fingen sofort an zu tauschen und zu handeln.

Keiner beachtete den Pastor, der vorne mit seiner Liturgie beginnen wollte. Er sprach gegen die Unruhe an, kam jedoch mit seiner erkälteten und zaghaften Stimme nicht durch. Dann bat er wenigstens um Aufmerksamkeit für den kleinen Chor, der sich aus einigen Gefangenen gebildet hatte. Doch er erntete nur Hohn.

Einer rief: »Himmelskomiker!«, und die Menge fiel gröhlend ein. Irgendwo wurde eine Orgel gespielt, doch ich konnte hören, daß der Kantor lieber vorher in der Messe gespielt hatte. Hier tat er nur schnell seine Pflicht.

Ich wußte nicht, was ich machen sollte. Am liebsten hätte ich mich wieder zurückgezogen, wäre nach Hause gefahren und hätte an Ghana gedacht.

Mir fiel das Wort aus der Bibel ein: »Man soll die Perlen nicht vor die Säue werfen.« Das hätte ich denen am liebsten gesagt. Es war alles so gemein, und wir kamen dagegen nur kläglich an.

Der erkältete Pastor blieb tapfer. Er gab nicht auf. Er zog seine Liturgie voll durch, doch wie armselig klangen die Worte der Auferstehung und der Hoffnung in diese laute Ablehnung hinein.

Dann war ich dran. Der Pastor flüsterte mir noch zu: »Es tut mir so leid, aber so ist es eben immer. Sie werden nicht ruhiger. Man muß einfach dagegen anpredigen. Vielleicht wird doch einmal einer von dem Wort getroffen. Nur Mut, nur Mut.«

Das klang so wie für die Leidtragenden auf dem letzten Gang zum Grab.

»Immer weiterpredigen«, bat er mich, »nicht zu den Gefangenen hinuntersehen, die nehmen einem jeden Mut. Zur Orgel hochblicken. Dort liest der Kantor zwar die Bildzeitung, aber er stört nicht.«

Die bewachenden Beamten sahen auch nicht gerade aufbauend aus. Sie langweilten sich mit Ausdauer. Hatten ihre dicken Hintern auf die bequemsten Bänke gepflanzt und taten nun ihre Aufsichtspflicht, ohne etwas von dem wahrzunehmen, was zu Ostern geschehen sollte und geschehen war.

Ich stand oben. Ich sah herab. Eilige Geschäfte mit Tabak und Geld wurden abgewickelt. Obszöne Witze erregten wildes Gelächter. Einige Gefangene hatten sich wie Frauen herausgeputzt. Männer drängten sich an sie heran wie an Prostituierte. Keiner schien mich zu beachten. Auch der Pastor sah weg, weil es ihm peinlich war.

Da nahm ich all meinen Mut zusammen und rief genau den verkehrten Satz in den Saal hinein: »Ich will euch was von der offenen Tür erzählen.«

Gröhlendes Gelächter.

»Genau das wollen wir hören!« rief einer. »Los, dann mach schon die Tür auf, wir wollen raus.«

Ich begriff, was ich gesagt hatte, und versuchte das Mißverständnis wieder zurückzuholen. Sogar die Beamten grinsten überlegen. So ein Blödmann war ihnen auch noch nicht vorgekommen.

Einer der Gefangenen wurde sogar fromm dabei und stimmte das Adventslied an: »Macht hoch die Tür, die Tor macht weit ...« und alle fielen ein. Was sollte ich tun? Ich sang mit. Die Predigt hatte wie eine Unterhaltungsschau mit Rudi Carell im Fernsehen begonnen.

Einer traf mich noch tiefer, als er rief: »Hör doch auf mit dem Kasperletheater hier.«

Aber dann, in eine Atempause, rief ich hinein: »Vorigen Sonntag war ich in Afrika, in Ghana, in Takoradi ...«

»Hast eine schöne, braune Glatze bekommen!« unterbrach mich einer.

Doch ich erzählte weiter. Von der Blechkirche vor vielen Jahren, und wie es da zugegangen war. Als ich erzählte, wie die Kinder aus dem Fenster rausgehalten und wie die Kollekten eingesammelt wurden, lachten sie sogar und fingen an, richtig zuzuhören, wenn auch noch mißtrauisch.

Dann kam ich zu unserem Besuch vor einer Woche und reichte die Tafel nach unten: »Seht euch an, was sie mir geschenkt haben.«

Und dann erzählte ich von der Gemeinde in Afrika, die jetzt auch zusammenkam, um mit uns zu beten und zu singen.

Da wurde alles ruhig im Saal. Ich konnte von Ostern erzählen und stimmte den Choral an: »Christ ist erstanden ...« Sie sangen alle mit, auch wenn sie den Text nicht kannten. Wie in der Blechkirche.

Wir sangen, wir jubelten, wir feierten Ostern, die offene Tür, das offene Grab.

Zum Schluß kam der Sprecher zu mir mit einem großen Poster. Hinten drauf schrieben wir einen Ostergruß und alle unsere Namen für unsere Schwestern und Brüder in Afrika.

»So etwas habe ich noch nie erlebt«, sagte ein Gefangener zu mir.

»Ich auch nicht, Bruder«, sagte ich. Ich sah sie in Takoradi singen, und hier bei uns.

Dankeschön, Takoradi!

Vom gleichen Autor:

Signora Angela

192 Seiten, R. Brockhaus Taschenbuch, Bestell-Nr. 20 824

In acht spannenden Geschichten erzählt Fritz Pawelzik:
Von seiner Kindheit im »Kohlenpott«; wie seine Eltern während des Dritten Reiches ganz selbstverständlich Juden halfen; von Anja, seiner ersten großen Liebe; von seiner »Mamma« Signora Angela am Lago Maggiore – durch ihre Güte und Natürlichkeit fühlte er sich in Italien sofort zu Hause; von Dan und Esto in Uganda – mit ihnen erlebte er unter Idi Amin gefährliche Zeiten.

Gesucht wird Mann mit Phantasie

192 Seiten, R. Brockhaus Taschenbuch, Bestell-Nr. 20 804

In Kenia, wo die Armut alltäglich ist, wurde Karanga in einem Slum geboren. Es war vorauszusehen, daß er schon als kleiner Junge seinen Lebensunterhalt aus Abfallkübeln und durch Diebstahl bestreiten würde. Was man nicht ahnen konnte: Er hatte eine nie versiegende Phantasie und fand immer neue »Arbeit«, von der er sich halbwegs ernährte. Eines Tages stellte sich heraus, daß ihn zum ersten Mal in seinem Leben jemand brauchte . . .

Wieviel Liebe braucht der Mensch

192 Seiten, R. Brockhaus Taschenbuch, Bestell-Nr. 20 807

Ein rumänischer Arzt, Dr. Constantin Radencu, kommt nach dem zweiten Weltkrieg ins Gefängnis: Er hat in einer christlichen Organisation mitgearbeitet. Man beschuldigt ihn der Spionage und des Hochverrats. Durch strenge Isolationshaft soll er dazu gebracht werden, das zuzugeben.
Wie lange kann ein Mensch ohne Gemeinschaft, Gespräche und Liebe auskommen? Trotz der unmenschlichen Haftbedingungen wird diese Zeit zur wichtigsten in seinem Leben. Er wird ein neuer Mensch. In der Gemeinschaft mit anderen Gefangenen erlebt er eine Liebe, die er vorher nie gekannt hat.

Ein Engel im Milieu

176 Seiten, R. Brockhaus Taschenbuch, Bestell-Nr. 20832

Eine Frau betritt das Eros-Center und wird hier mit einem Küßchen, dort mit einer Umarmung begrüßt. Das ist Schwester Helene, die seit Jahren Prostituierte, Zuhälter, Nichtseßhafte und gefährdete Jugendliche begleitet. Diese Menschen lieben sie wie eine Mutter. Mit manchen liest sie in der Bibel, einigen hat sie beim Ausstieg aus dem Milieu geholfen, mit wieder anderen feiert sie im Kölner Hauptbahnhof Weihnachten. Sie alle erfahren durch Schwester Helene eine bedingungslose Zuwendung und Liebe.
Fritz Pawelzik hat diese ungewöhnliche Frau eine Zeitlang begleitet und die Geschichte von ihr und den Menschen, mit denen sie arbeitet, aufgeschrieben.

Frankreich ohne Rückfahrkarte

Die Geschichte einer unglaublichen Flucht

208 Seiten, R. Brockhaus Taschenbuch, Bestell-Nr. 20 826

Günther Schild muß 1933 als jüdischer Anwalt in Berlin untertauchen. Unter dramatischen Umständen flieht er nach Frankreich, um sich dort in Sicherheit zu bringen. Unzählige Male gerät er in Lebensgefahr, aber er erfährt auch selbstlose Hilfe.
Fritz Pawelzik hat das Buch nach dem Bericht seines Freundes Günther Schild geschrieben. Die Erzählung spiegelt Zeitgeschichte von 1923 bis in die 50er Jahre.

»Er holte seinen Paß aus der Brusttasche. Seine Hand zitterte, aber glücklicherweise sah der Beamte nur auf den Ausweis. Die entscheidenden Sekunden seiner Flucht: Sein Paß galt nicht mehr! Er war staatenlos. Er mußte verhaftet werden, weil er illegal die Grenze überschreiten wollte. Hoffentlich war die Nachricht von seiner Ausbürgerung noch nicht bis an alle Grenzkontrollen gedrungen. Natürlich rechneten die Behörden damit, daß jeder Staatenlose versuchen würde, die Grenze zu überschreiten, bevor er in einem der neuen Konzentrationslager verschwand.
Günther bemühte sich, gelangweilt aus dem Fenster zu sehen . . .«